sobre viver o luto

shelby
forsythia

sobre viver o luto

Tradução
Cláudia Mello

astral
cultural

Publicado nos Estados Unidos por Zeitgeist, um selo da Zeitgeist™,
uma divisão da Penguin Random House LLC, Nova York.
Copyright © 2020 Penguim Random House LLC
Título original: Your grief, your way
Tradução para Língua Portuguesa © 2021, Cláudia Mello
Todos os direitos reservados à Astral Cultural e protegidos pela Lei 9.610,
de 19.2.1998.
É proibida a reprodução total ou parcial sem a expressa anuência da editora.
Este livro foi revisado segundo o Novo Acordo Ortográfico da Língua Portuguesa.

Produção editorial Aline Santos, Bárbara Gatti, Jaqueline Lopes, Natália Ortega,
Renan Oliveira e Tâmizi Ribeiro
Revisão Letícia Nakamura
Capa Marcus Pallas
Foto da autora Paige Forsythia

Dados Internacionais de Catalogação na Publicação (CIP)
Angélica Ilacqua CRB-8/7057

F836s

    Forsythia, Shelby
       Sobre viver o luto / Shelby Forsythia ; tradução de Cláudia
Mello. — Bauru, SP : Astral Cultural, 2021.
       224 p.

    ISBN: 978-65-5566-198-9

    1. Luto - Aspectos psicológicos I. Título II. Mello, Cláudia

21-2963

CDD 155.9

Índice para catálogo sistemático:
1. Luto - Aspectos psicológicos

BAURU
Rua Joaquim Anacleto Bueno, 1-42
Jardim Contorno
CEP 17047-281
Telefone: (14) 3879-3877

SÃO PAULO
Rua Augusta, 101
Sala 1812, 18º andar
Consolação
CEP 01305-000
Telefone: (11) 3048-2900

E-mail: contato@astralcultural.com.br

Para você, enquanto encontra o seu caminho.

Prefácio

"O luto é uma história que deve ser contada repetidas vezes."

Essa é uma das citações inspiradoras neste livro. É particularmente importante para quem vive um processo de luto, mas também para quem está perto do enlutado e quer ajudar. Em ambos os casos, convém se lembrar dela. Se possível, repeti-la como um mantra: vamos contar nossas histórias?

Não estamos sozinhos. E para ter certeza disso, precisamos falar. Contar, ler, ouvir e nos reconhecermos no outro. Isso, infelizmente, não é fácil. É difícil falar sobre o luto em uma sociedade que prefere mudar de assunto. Como se fosse possível ignorar o simples fato de que todos nós morreremos. E que, antes disso, muito provavelmente, veremos partir pessoas que amamos.

Para quem então contaremos nossas histórias de dor e saudade? Para quem repetiremos o nome dos nossos amores e dividiremos suas lembranças? Com quem vamos compartilhar a visão desse novo mundo que habitamos sem a pessoa ou pessoas queridas que partiram? Um mundo no qual a gente nem mais se reconhece?

Vamos Falar Sobre o Luto? Quando criamos o projeto que leva esse nome (www.vamosfalarsobreoluto.com.br), a pergunta era um convite. Recebemos, a partir dele, milhares de histórias, lemos cada uma, publicamos centenas. Hoje é uma afirmação. É uma grande lição para nós, sete amigas unidas pelos respectivos lutos, que o idealizamos. Aprendemos com as experiências ali reveladas que, embora se expressem de forma diferente em cada um, a dor se instala de maneira mais devastadora quando não é acolhida. Quando não é aceita, em primeiro lugar, pelo próprio enlutado. Como não falamos, ouvimos ou lemos sobre o luto, não sabemos sequer que temos direito a sentir o que for, da forma possível, pelo tempo necessário. Os enlutados e as pessoas próximas a ele (que muitas vezes desejam ajudar, mas não sabem como), desconhecem esse direito. Acham que seu sofrimento é um incômodo para o mundo. Sentem-se inadequados. Passam tanto tempo mergulhados em um estado de constrangimento que se ferem além da conta. É o que chamamos, desde que começamos a nos corresponder com enlutados, de "a camada extra da dor". A única que pode e deve ser removida.

É justamente essa camada que livros acolhedores, como o **Sobre Viver o Luto**, nos ajudam a retirar. Por meio de um calendário com frases de escritores e estudiosos do universo do luto, que Shelby Forsythia nos convida a percorrer livremente, sem a imposição da ordem cronológica, o livro reúne 365 convites à reflexão. Para cada dia do ano, uma citação, sua explicação e uma oportunidade de entender, sentir e se comover. A escolha do calendário não pretende restringir o processo do luto a um ano. Não há, afinal, limites pré-estabelecidos para sua duração. O que sabemos, porém, é que ele dura muito mais do que a simpatia dos outros por quem sofre (outra citação fundamental do livro). O mundo não tem muita paciência com o processo do luto, sendo essa uma das tragédias de quem o vive.

O valor de um ensinamento por dia (ou muitos no mesmo, como o leitor desejar) é entender que (ufa!) não estamos sós. Não somos só nós que vivemos o tempo sem linearidade ou coerência. Que acordamos um dia felizes e, de repente, afundamos em profunda melancolia. Que podemos chorar muito ou não chorar nada. Que nunca nos esquecemos de quem partiu. Mas que se esquecermos por um dia, tudo bem, não precisamos ter culpa.

Sobre Viver o Luto traz luz para o território sem mapa que é o do luto. Nos ajuda a compreender que mudamos a nossa essência. E nos guia à tarefa de nos familiarizarmos com essa nova pessoa que nos tornamos. Entre seus muitos insights, o livro ajuda a derrubar dogmas, como o de que o sofrimento puro ensina alguma coisa. "Se o sofrimento sozinho ensinasse", afirma a escritora americana Anne Morrow Lindbergh, uma das autoras citadas na obra, "o mundo todo seria sábio, já que todo mundo sofre. Ao sofrimento devemos adicionar o luto, a compreensão, a paciência, o amor, a franqueza e a vontade de permanecer vulnerável".

Vamos falar (e ler) e aprender mais sobre o luto?

Cynthia de Almeida com Amanda Thomaz,
Gisela Adissi, Rita Almeida,
Mariane Maciel e Sandra Soares,
fundadoras do site Vamos Falar Sobre o Luto?

Introdução

Estou aqui para lhe dar as boas-vindas ao clube do qual ninguém quer participar: o Clube do Luto. Sinto muito por você ter um motivo para estar aqui. E, ao mesmo tempo, fico feliz por você ter escolhido este livro.

Quando minha mãe morreu de forma repentina, em 2013, tive dificuldade para ler livros. Melhor dizendo, não conseguia manter o foco por mais de trinta segundos. Se um texto de autoajuda não conseguisse me passar a mensagem em poucas frases, o conselho era inútil para mim. Eu queria desesperadamente um livro que fosse curto, doce e poderoso — como uma espécie de inalador de socorro para o meu luto. Como não consegui encontrar assim, decidi escrevê-lo.

Este livro é um guia simples e sem frescuras para você navegar pela vida depois da morte de um ente querido. Embora seja feito como um guia diário, com textos datados, quero que saiba que não existe um jeito certo ou errado de lê-lo. Você pode saltar trechos, pular páginas, abrir o livro em qualquer página ou ler especificamente aqueles dias em que o seu luto esteja mais forte ou insuportável. A obra contém mensagens alternadas de consolo: você vai encontrar citações sobre perda de um ente querido e um parágrafo curto sobre a citação, além de uma dica prática para ajudá-lo a cuidar do seu luto e processá-lo.

Você também vai encontrar uma variedade de exercícios viáveis, incluindo meditações curtas, reestruturações cuidadosas, lembretes para escrever em diários e ações concretas. Não existe absolutamente nenhuma pressão para concordar com as citações apresentadas nem para realizar as tarefas práticas. Assim como qualquer mensagem que você recebe na vida depois de uma perda, pegue o que funciona para o seu caso e descarte o restante. Nem tudo vai se aplicar ao seu luto agora, e tudo bem.

Você pode querer fazer os exercícios propostos neste livro com um amigo de confiança ou deixá-lo guardado na sua mesa de cabeceira ou, ainda, carregar no porta-luvas do seu carro. É normal sentir necessidade de "curtir o luto" ao ar livre; e também pode acontecer de você querer manter seu processo de cura amorosamente protegido entre quatro paredes. Não existe um jeito certo ou errado de se curar de uma perda.

Minha esperança é que este livro atue como um farol na escuridão do luto. Caso você tenha acabado de passar pela morte de um ente querido ou esteja se sentindo isolado e sozinho porque o resto do mundo seguiu em frente, saiba que está sendo visto e ouvido nessa dor. Nos meus quatro anos de trabalho frente a frente com clientes de luto, entrevistando especialistas e autores no meu podcast *Coming Back* e escrevendo sobre luto e perda, testemunhei o sofrimento extraordinário de outras pessoas e tive a honra de compartilhar um pouco do meu. Já passei por coisas semelhantes às suas e fiz este livro para que ele seja seu amigo e companheiro em meio ao sofrimento. Não existe uma solução única para o luto; só existe o reconhecimento de que todo mundo passa por ele. Você não está sozinho de jeito nenhum.

Este livro não pede para você seguir nenhuma estrutura pronta — afinal de contas, é o seu luto e o seu caminho. Enquanto lê, só peço que preste atenção ao seu luto. Fazer isso vai ajudá-lo a manter o coração aberto durante a experiência mais sofrida da vida: a perda.

Com amor e muito mais, Shelby Forsythia

1º de janeiro

"Esteja disposto a ser um iniciante a cada manhã."
— MESTRE ECKHART

Cada novo dia, cada novo ano, é uma oportunidade para ser um aluno da vida. É humilhante assumir o papel de iniciante, ainda mais conforme você envelhece, mas fazer isso pode ajudá-lo a ver sua vida, seus amigos, sua família e sua dor com outros olhos. Admitir a verdade de que você não sabe tudo permite que continue curioso e engajado, em vez de fechado. Estar disposto a ser um iniciante não significa ser ingênuo nem insensato; trata-se de estar aberto para aprender uma coisa nova todos os dias.

2 de janeiro

Muitos programas de recuperação aconselham a levar a vida "um dia de cada vez". Essa frase é útil quando você está remoendo a ansiedade avassaladora de descobrir como "viver o luto". Considere criar um mantra que o incentive a levar a vida um dia de cada vez após a perda. Alguns dos meus preferidos são "Basta fazer a próxima coisa certa", "Tenho tudo de que preciso neste momento" e, como um professor meu de ciências costumava dizer: "Tudo lhe será revelado". Esses mantras são lembretes de que seu objetivo no luto não é entender o resto da sua vida de uma só vez, mas sobreviver ao dia de hoje. Para ter um ânimo a mais, escreva o mantra e pendure-o em um lugar em que você o verá com frequência: sobre uma mesa, no espelho ou dentro de um armário na cozinha.

3 de janeiro

"A dor profunda que é sentida com a morte de cada alma amiga surge do sentimento de que há em cada indivíduo algo que é inexprimível, peculiar apenas a ele e, portanto, está absoluta e irremediavelmente perdido."
— ARTHUR SCHOPENHAUER

Cada pessoa é única, então, quando alguém que amamos morre, suas gentilezas e suas individualidades são perdidas. Elas nunca podem ser substituídas ou recriadas. Há muita tristeza em saber que a pessoa que você perdeu nunca voltará a ser presente na sua vida. É normal reconhecer esses sentimentos e ficar com o coração partido porque o ente querido — com todos os seus encantos, suas estranhezas e seus rituais — não está mais presente no seu cotidiano.

4 de janeiro

Faça uma lista de dez a quinze coisas que você mais amava e admirava na pessoa que morreu. Pode ser qualquer coisa, até as mais simples, que vão desde "o som da risada dela" até "a maneira como sempre desdobrava o guardanapo quando se sentava à mesa". Em seguida, tente procurar esses traços e características nas pessoas ao seu redor: pode ser seus parentes, seus amigos e até desconhecidos. É claro que essas pessoas nunca poderão ocupar o lugar de quem você perdeu, mas elas podem, com certeza, servir de pequenos e significativos lembretes do jeito especial do ente querido que se foi.

5 de janeiro

"Não fique parado, comece a se movimentar agora. No começo, você pode não ir à direção que deseja, mas, enquanto estiver se movimentando, estará criando alternativas e possibilidades."
— RODOLFO COSTA

Costumo me referir à vida após uma perda como uma "caça ao tesouro involuntária". Você não queria participar dessa missão de luto, mas está nela; então, aqui está você, carregando pedras e experimentando novos rituais e testando novos caminhos para ver qual é o melhor ajuste para sua nova vida depois da perda. Às vezes, parece bobo e desnorteador, como se você estivesse tateando em uma floresta sem uma trilha marcada, mas não é a direção do seu movimento que importa no início, é o fato de você continuar se movimentando, e ponto final. Você não optou por essa vida, mas tem que vivê-la. Criar impulso — não importa se acha que está se movimentando devagar — abre portas para alternativas e possibilidades.

Shelby Forsythia

6 de janeiro

Existem comprovações científicas de que a atividade física melhora o humor e as perspectivas das pessoas. Por isso, tente caminhar vinte minutos por dia e veja como o movimento dos seus pés pode afetar o seu luto. Embora você não seja obrigado a caminhar ao ar livre, saiba que respirar ar fresco é uma das vantagens de caminhar, então tente ficar em contato com a natureza sempre que puder. Os enlutados com quem conversei já me disseram que fazer caminhadas os ajuda muito a descontrair a mente, a observar a beleza sutil e tranquila de uma flor desabrochando ou de um céu azul e a criar uma valiosa ilusão de que eles estão "indo para algum lugar", enquanto estão de luto. Para melhorar ainda mais a experiência da caminhada, experimente passear com um cachorro ou um amigo querido ou pessoa de confiança.

7 de janeiro

"O luto é uma história que deve ser contada repetidas vezes."
— SALLIE TISDALE

Contamos a história do nosso luto por dois motivos: primeiro, para solidificar no cérebro e no coração que a vida sem o ente querido é nossa nova realidade; e, segundo, para perceber que não estamos sozinhos. Assim como o luto não é um acontecimento único, contar a história da nossa perda também não é. Devemos compartilhar o que aconteceu para dar sentido à história para nós mesmos e para nos conectarmos com outras pessoas que estão passando por dores semelhantes.

Sobre viver o luto

8 de janeiro

Encontre um lugar em que você possa contar a história do seu luto para outras pessoas que estão vivenciando o mesmo. Dois lugares maravilhosos para começar são o Grief Recovery Method (Método de Recuperação do Luto, *griefrecoverymethod.com*) e os Compassionate Friends (Amigos Misericordiosos, *compassionatefriends.org*). No Brasil, também existem grupos de apoio e podem ser encontrados em hospitais locais, casas funerárias ou organizações religiosas. A internet também lhe permite encontrar grupos específicos de apoio ao luto para determinadas perdas, como a perda de um filho, pai ou cônjuge; para perdas quando você tem entre vinte e trinta anos; e para a perda pelo suicídio.

9 de janeiro

"Na vida, tomamos as melhores decisões que podemos com as informações que temos em mãos."
— AGNES KAMARA-UMUNNA

Perder alguém que amamos pode nos deixar com medo de errar ou bagunçar as coisas no futuro. Quer estejamos nos sentindo culpados pela perda que aconteceu ou só com medo de que alguma coisa ruim aconteça de novo, a paralisia da análise pode acompanhar o luto: "Se eu tivesse informações suficientes, poderia evitar sentir mais dor". Na realidade, a análise deve parar em algum momento e uma decisão deve ser tomada. Pegue leve consigo mesmo ao fazer escolhas difíceis; você está fazendo o melhor que pode com todas as ferramentas e informações à sua disposição.

10 de janeiro

Há uma convenção social que diz: "Não tome nenhuma decisão importante no primeiro ano após uma perda", mas, se você me permite expor minha humilde opinião, isso é uma grande bobagem. Por mais que queiramos, não é possível deixar de viver porque alguém que amamos morreu; às vezes, decisões que mudam a vida precisam ser tomadas logo depois de uma perda. Se você tiver que tomar uma decisão importante após a morte do seu ente querido, reúna o máximo de informações que puder sobre o assunto, peça a ajuda dos seus amigos de confiança e esteja o mais informado e preparado possível.

11 de janeiro

"Depois de juntar os cacos, mesmo que pareça intacto, você nunca mais será o mesmo de antes da queda."
— JODI PICOULT

A morte de um ente querido muda a nossa essência. Embora outras perdas sejam difíceis e assustadoras, geralmente só afetam algumas áreas da nossa vida (saúde, finanças, trabalho, romance e assim por diante). É fácil compartimentar essas perdas e continuar sendo mais ou menos a mesma pessoa que éramos antes. Mas a morte de alguém que amamos mexe em tudo no nosso "antigo eu". Deixamos de ser alguém que nunca viu, conheceu ou vivenciou a morte e passamos a ser alguém que compreende a morte em seu íntimo. Não há como voltar atrás, não há como deixar de ser uma nova pessoa.

Sobre viver o luto

12 de janeiro

Se você não se reconhece mais, tudo bem. Muitos enlutados relatam um comportamento diferente após a morte de um ente querido, como se uma pessoa nova tivesse ido morar no seu corpo. Há muito ressentimento envolvido em perder, praticamente da noite para o dia, a pessoa que éramos. Tipo, para onde foi aquela pessoa gentil, previsível e tranquila? Se você estiver atormentado pelo seu novo "eu", fale com ele com delicadeza, como se o conhecesse pela primeira vez. Diga coisas como "Nunca nos encontramos, por isso estou curioso para conhecê-lo", "Não entendo por que você faz as coisas que faz, mas estou disposto a aprender", ou "Eu sei que não estamos nos encontrando nas melhores circunstâncias, então me perdoe se eu estiver um pouco amargo e distante no início". Você não precisa conhecer nem assumir a propriedade do seu "eu" pós-perda ainda; só tem que reconhecer sua presença.

13 de janeiro

"Resiliência não é um traço de personalidade fixo. É um projeto para toda a vida."
— SHERYL SANDBERG

Enquanto algumas pessoas nascem com uma tendência maior para a resiliência, esta não é uma característica estática. A resiliência pode ser praticada, alimentada e construída ao longo da vida. Se acha que não está se recuperando, bem... Você está em boa companhia. A morte de um ente querido marca a primeira vez que as pessoas são forçadas a voltar de algo difícil, assustador e que muda a vida. Cada dia que está vivendo além do dia da sua perda é mais um dia em que você está aumentando sua resiliência. Você está ensinando ao seu coração, à sua mente e ao seu corpo o que significa continuar a viver depois que o pior aconteceu.

14 de janeiro

Assim como acontece com o desenvolvimento de músculos na academia, os resultados do seu crescimento no luto não serão visíveis de imediato. Defina um lembrete de calendário para daqui a seis meses e, nessa data, verifique como você está e como está o seu luto. Pergunte a si mesmo: "O quanto cresci desde o dia X?", "O que sei agora que não sabia na época?", "O que foi que eu vi, ouvi, experimentei ou percebi que nunca tinha visto, ouvido, experimentado ou percebido?". Fazer essa análise de resiliência ajuda a registrar e honrar os pequenos e grandes aprendizados no seu luto. Por exemplo, seis meses depois que minha mãe morreu, me formei na faculdade. Foi o primeiro grande marco que precisei viver sem ela. Pensei: "Seis meses atrás, no dia da morte dela, nunca teria acreditado que conseguiria me formar sem ela e não morrer de agonia. Foi difícil, mas ainda estou de pé". Esse exercício é útil tanto para reconhecer suas realizações quanto para oferecer uma perspectiva sobre sua capacidade de ser resiliente após uma perda.

15 de janeiro

"Todos temos que encontrar o nosso jeito de dizer adeus."
— SHERMAN ALEXIE

Sobre viver o luto

Os amigos, os parentes e a sociedade vão falar muito sobre como você "deveria" se despedir da pessoa que perdeu. Vão falar desde cerimônias fúnebres até por quanto tempo você tem "permissão" para sofrer. Parece que quando alguém que amamos morre, as pessoas ao nosso redor se tornam especialistas em luto. Irritante, não é? Não deixe ninguém lhe dizer como você deve se despedir. Só você é o especialista no seu luto e no seu relacionamento com quem morreu. Encontre sua própria maneira de viver o luto pela pessoa que perdeu e honrar, celebrar e dar sentido ao fato de que a vida dela agora é uma lembrança. Se o conselho de um amigo, parente, terapeuta ou desconhecido não lhe agradar, não aceite. Procure outras pessoas que validem as maneiras como você quer se despedir.

16 de janeiro

Dizemos "adeus" de várias maneiras diferentes e, no caso de entes muito queridos, é necessário que façamos isso por diversas vezes. Se você estiver buscando ideias para se despedir da pessoa que se foi, pense nas coisas que ela amava ou mais gostava de fazer em vida. Ela gostava de flores? Plante um jardim memorial em homenagem a ela ou marque uma data para caminhar no parque. Ela era a fotógrafa da família? Faça um livro com as fotos dela ou dedique uma parede da sua casa às fotos que ela tirou. Ela amava os animais? Faça uma doação recorrente para uma instituição de caridade ou seja voluntário em um abrigo de animais. A cada ação sua para dizer "adeus" à pessoa amada, saiba que você também está dizendo "olá" para um novo modo de estar vivo sem a presença física dela.

Shelby Forsythia

17 de janeiro

"Todo coração partido já gritou uma vez ou outra: 'Por que você não consegue ver quem eu realmente sou?'."
— SHANNON L. ALDER

Há uma dor intensa e imensa no isolamento do luto. Por mais que tentem, as pessoas nunca entendem e, às vezes, nós mesmos nos sentimos estranhos. É como se o nosso coração estivesse gritando: "Por que você não consegue ver quem eu realmente sou?". Desejamos ser compreendidos e reconhecidos no luto. Mas, na maioria das vezes, ficamos frustrados e exaustos na presença daqueles que nunca vão nos "ver" de verdade. Aceite que esse é um aspecto normal e intrínseco à perda. Você não tem culpa por ser incapaz de transmitir toda a extensão do seu sofrimento, e seus amigos e parentes não têm culpa por não terem conhecimento em relação ao luto. Existem comunidades de pessoas enlutadas em todo o mundo que já estiveram no seu lugar. Saiba que existem outros enlutados esperando para receber você e seu coração partido de braços abertos.

18 de janeiro

Às vezes, quando você se sentir invisível, pode tentar enxergar a si mesmo. Escreva: "O que estou sentindo que gostaria que alguém entendesse?". Permita que sua dor, sua raiva, sua tristeza e seu vazio emanem para a página. Se estiver nervoso ou cauteloso, lembre-se de que esse exercício não será visto por ninguém. Quando tiver expressado todos os seus sentimentos, respire fundo e escreva ou diga em voz alta: "Estou vendo você. Estou escutando. Você

Sobre viver o luto

não está louco, só está sofrendo. Faz sentido que se sinta assim. Estou ao seu lado. Eu te amo". Pratique esse exercício de registro no diário sempre que precisar. Não é justo termos que ser nosso próprio apoio no luto, mas, às vezes, só nós mesmos conseguimos ver e saber exatamente pelo o que estamos passando.

19 de janeiro

"A morte acaba com uma vida, não com um relacionamento."
— MITCH ALBOM

Embora o corpo físico da pessoa não esteja mais aqui, o ente querido vive no seu coração e na sua mente. Se a história nos ensina alguma coisa, figuras religiosas, celebridades, atletas e outras figuras falecidas ainda estão vivas de alguma forma e são dignas de receber nossa comunicação e nosso amor contínuos. É normal e natural que você continue se comunicando com a pessoa amada, mesmo ela não estando fisicamente presente para ouvi-lo.

20 de janeiro

Quando minha mãe morreu, toda hora eu via números de três dígitos com o mesmo primeiro e último dígito, como 212, 848 e 393. Não consegui entender a princípio, mas parecia que os números estavam me seguindo. Para onde quer que eu olhasse, desde as rotas de ônibus até as horas mostradas em relógios digitais e o total das minhas compras no supermercado, havia esses pequenos padrões palindrômicos. Por fim, depois de muitas pesquisas irritadas na internet, encontrei um recurso que propunha que os palíndromos eram símbolos de pais falecidos "voltando" para uma visita. 2-1-2 = MOM (mãe). Senti um arrepio na mesma hora e percebi que esses números repetidos eram a maneira da minha mãe tentar manter um relacionamento comigo após a morte. Em voz alta, perguntei: "Você pode continuar aparecendo assim? Faz sentido para mim agora e, assim, vou saber que devo procurá-la". Seis anos depois, ainda "a vejo" aparecer para mim por meio de números palíndromos. Quais são as maneiras pelas quais você pode continuar o relacionamento com seu ente querido falecido? Ele gostava de pássaros, de motocicletas, de uma música específica? Você pode se comunicar com ele após a morte, dizendo "olá" sempre que esses sinais e símbolos aparecerem.

21 de janeiro

"A morte de um ente querido é uma coisa curiosa… É como subir a escada para o seu quarto no escuro e achar que tem um degrau a mais."
— LEMONY SNICKET

Depois de uma perda, parece que o chão some, como se alguém estivesse puxando o tapete debaixo dos seus pés repetidas vezes. É difícil encontrar alguma coisa estável e segura para pisar e, quando você faz isso, sempre existe o medo de que essa coisa seja tirada dali. Saiba que essa sensação de não ter pernas para se sustentar é completamente normal e é uma percepção muito real provocada pela perda. Não é nada agradável — na verdade, pode ser bem assustador —, mas é uma parte esperada do luto.

Sobre viver o luto

22 de janeiro

Voltar a se sentir seguro no mundo é extremamente importante após a perda. Tente fazer uma lista de pessoas, lugares, animais de estimação, músicas, atividades e práticas que o ajudem a se sentir seguro e com os pés no chão. Quando você se sentir sem chão ou em dúvida, escolha um item dessa lista com o qual se envolver. Observe como isso o ancora. Em seguida, volte e repita quantas vezes forem necessárias. Saiba que tudo o que parecia seguro e garantido antes da perda pode não parecer agora, e vice-versa. Em outras palavras, pessoas, lugares, animais de estimação, músicas e atividades que lhe trouxeram paz de espírito antes da perda podem não ser mais reconfortantes depois, e você pode se sentir atraído por estímulos que não consideraria reconfortantes antes de seu ente querido morrer. Se estiver procurando recursos para se ancorar, tente perguntar a amigos, parentes ou ao seu profissional de saúde emocional o que os enraíza em épocas de incerteza.

23 de janeiro

"O luto talvez seja um território desconhecido para você. Você pode se sentir desamparado e desesperado sem a sensação de um 'mapa' para a jornada. A confusão é a marca registrada de uma transição. Reconstruir seu mundo interno e externo é um projeto importante."
— ANNE GRANT

O luto requer toda uma reestruturação da vida, e essa reestruturação requer tempo, energia, foco e perspectiva. É uma tarefa importante e é normal que o luto consuma boa parte dos seus pensamentos, enquanto você descobre como "viver a vida" sem o ente querido que perdeu. Confusão, distração e esquecimento são comuns. Você está se reorientando para um mundo em que seu ente querido morreu, e isso é muito parecido com usar uma bússola descontrolada. Você pode descobrir que está avançando só para se movimentar, ou pode seguir em determinada direção até descobrir que não quer seguir por esse caminho. Permita-se cometer erros, enquanto volta a se orientar.

24 de janeiro

Quando você se sentir confuso, esquecido, oprimido ou como se estivesse andando em círculos, pense em si mesmo com generosidade. Pense em todas as tarefas que realiza em um dia e acrescente "enquanto estou de luto" ao final de cada uma. Por exemplo: "Levei meus filhos para a escola... enquanto estou de luto" ou "Assisti a uma reunião de duas horas... enquanto estou de luto". Olhar para suas tarefas diárias pelas lentes da perda ajuda você a se lembrar de que está fazendo tudo o que fazia antes e que, agora, também tem uma grande e inevitável tristeza no pacote. Então, quando você colocar as chaves no freezer, pode se perdoar: "Coloquei as chaves em um lugar esquisito... enquanto estava de luto".

25 de janeiro

"O objetivo não é vencer, mas se abrir."
— BRIAN L. WEISS

Ao contrário de muitos ensinamentos da sociedade, não existe o luto triunfante. É impossível "vencer" em uma experiência emocional como a perda, porque o luto não é esse tipo de jogo. O objetivo do luto não é fazer com que a dor desapareça, mas expandir seu coração para dar lugar a ela. Quando você vive com o coração expandido, há espaço para você e seu luto coexistirem.

26 de janeiro

Embora haja muito a ganhar com filmes e programas de televisão com uma forte inclinação para a perda, você pode achar melhor eliminar a "TV do luto" por um período. A mídia costuma encerrar histórias sobre morte, em noventa minutos ou menos, com uma bela reverência e um final feliz, mas esse tipo de mensagem pode pressionar nosso subconsciente a encontrar nosso próprio final feliz no processo. Lembre-se de que muitas histórias de triunfo não fazem parte da vida real, além disso, a dor dura muito mais e é bem mais complicada.

27 de janeiro

"O luto nunca é algo que você supera. Você não acorda certo dia de manhã e diz: 'Eu venci essa parte; agora, vou seguir em frente'. É algo que caminha ao seu lado todos os dias. E, se você aprender a administrar isso e honrar a pessoa de quem sente saudade, pode pegar algo que é incrivelmente triste e ter algum tipo de positividade."

— TERRI IRWIN

Não existe uma solução definitiva para o luto. Pode parecer pessimista ou desesperador, mas, ao abrir mão da esperança de que o luto deve ser resolvido, você aceita a realidade de que ele precisa ser vivenciado. Ao liberar a pressão de resolver a perda, você se dá permissão para vivenciá-la, incluindo seus altos e baixos. Você pode se surpreender sorrindo com uma lembrança ou procurando sinais de um ente querido, e essas pequenas alegrias são integradas à imagem da sua vida após a perda.

28 de janeiro

Imagine o luto como uma pessoa caminhando ao seu lado e tente falar com ela como falaria com um amigo. Se você se sentir criativo, pode até fazer um desenho da aparência do luto para você. Para mim, o luto é uma figura cinza e fantasmagórica, que arrasta correntes presas aos pulsos e tornozelos. Ele sempre paira por perto, nunca fica distante. Às vezes, fico zangada com ele e digo: "Queria que você desaparecesse por um tempo". Em outras vezes, reconheço que ele mantém a memória da minha mãe por perto e agradeço: "Eu tinha me esquecido daquela vez em que ela me levou para ver aquela peça. Obrigada por me lembrar". Você pode descobrir que o luto nem sempre é ameaçador ou ruim, só está presente.

29 de janeiro

"Todos temos presentes para dar durante a morte… Quando todos esses presentes se juntam, eles formam uma imagem maior. Todas essas peças e todos esses presentes se conectam

Sobre viver o luto

durante a morte, criando um mosaico difuso, uma lembrança viva de celebração — a melhor de todas as lembranças possíveis — do que o falecido representava, o que e quem o falecido amava e o que o falecido significava."
— CALEB WILDE

Não passamos pela perda sem levar alguns pedaços do ente querido conosco. Quer você se pareça fisicamente com ele ou tenha adquirido seus hábitos, rotinas ou tradições familiares, continuamos a conviver com seus fragmentos inseridos na pessoa que somos. Quais pedaços de você são moldados pela pessoa que seu ente querido foi em vida?

30 de janeiro

De certa forma, podemos escolher quais peças dos nossos entes queridos gostaríamos de carregar. Escreva algumas coisas que adorava na pessoa que perdeu. Você gostava do perfume? Você admirava sua atitude calorosa para com desconhecidos? Curtia seu gosto musical? Em seguida, pense em maneiras de carregar consigo algumas dessas características: por exemplo, compre um frasco do perfume para ter à mão, cumprimente estranhos de forma acolhedora ou vá a um show de uma de suas bandas preferidas.

31 de janeiro

"Sua perda não é um teste, uma lição, algo com que lidar, um presente nem uma bênção. A perda é só uma coisa que

Shelby Forsythia

acontece com você na vida. Significado é o que você faz
acontecer."
— DAVID KESSLER

As pessoas vão lhe contar todo tipo de história sobre o que significa
sua perda e onde a pessoa está agora: "Ela está no céu", "Veja o lado
bom: você vai ficar mais forte com isso", "Pelo menos ela deixou
de sofrer". Não acredite em nada disso. Só você pode decidir o que
significa sua perda e em que lugar seu ente querido está agora, se
é que está em algum lugar. O significado e o propósito dependem
de você — não deixe ninguém lhe dizer o contrário.

1º de fevereiro

Algumas pessoas descobrem de imediato o significado de sua
perda, mas a maioria dos enlutados encontra um significado com
o tempo, à medida que continua a viver e a incorporar a perda
em sua história geral. Se você está lutando para determinar o
que significa sua perda ou está pressionando a si mesmo para
descobrir, tente usar a palavra *talvez* para suavizar a esmagadora
permanência do significado. Por exemplo, "Talvez a morte dela me
ajude a me conectar com outras pessoas que perderam seus entes
queridos", "Talvez a morte dele seja um sinal de que devo voltar a
estudar", "Talvez isso não signifique nada". Trate cada afirmação
como uma peça de roupa que está experimentando. Faça um teste
por um tempo e pergunte a si mesmo: "Como seria minha vida
se eu acreditasse que essa afirmação é verdadeira?". Em algum
momento, vai encontrar os significados que fazem sentido para
você e aqueles que prefere deixar para trás.

2 de fevereiro

"A coragem nem sempre ruge. Às vezes, a coragem é uma vozinha no fim do dia que diz: 'Vou tentar de novo amanhã'."
— MARY ANNE RADMACHER

No período de luto, a melhor medida da sua força não é se você está vencendo a batalha, mas se está se levantando toda vez que cai. Às vezes, após a perda, damos à vida tudo o que temos e ainda assim sentimos que fracassamos. No fim do dia, nos sentimos cansados e sozinhos. Mas quem somos no fim do dia não é quem somos para sempre. A cada novo dia que nasce, temos a oportunidade de tentar de novo.

3 de fevereiro

A noite é um momento difícil para o luto. Para a maioria dos enlutados, os pratos estão lavados, as cortinas estão fechadas e o computador foi desligado. Nesses momentos silenciosos no fim do dia, a perda tem a oportunidade de bater à nossa testa e assumir o controle dos nossos pensamentos. Se você se encontrar atormentado por um caso grave de tristeza noturna, considere fazer uma playlist de "dança" no celular ou ouvir um de seus álbuns preferidos. (Meus artistas preferidos são a banda feminina estridente *The Chicks*; a linda e etérea banda de três irmãs *Joseph*; e o jazz do *Vince Guaraldi Trio*.) Movimente-se e dance para afastar a tristeza noturna. Não se preocupe com a sua aparência; o negócio é redirecionar a atenção do seu cérebro para o corpo e expulsar a energia da tristeza com a música.

4 de fevereiro

"As lágrimas sempre foram mais fáceis de derramar do que de explicar."
— MARTY RUBIN

As lágrimas vêm de um lugar ilógico — isto é, não são a linguagem da mente; as lágrimas são a linguagem do coração. Permita-se liberar a necessidade de ter um "motivo" para chorar. Pode ser frustrante não ter uma fonte definida para as lágrimas, mas às vezes a resposta é só "luto" ou "Sinto falta da pessoa que eu amo". E vale a pena chorar por isso sem parar.

5 de fevereiro

Um enorme equívoco que as pessoas que estão em processo de luto têm em relação às lágrimas é: "Depois que eu começar a chorar, não vou conseguir parar", mas estou aqui para lembrar que isso é fisiologicamente impossível. Quando estava treinando para me tornar uma Grief Recovery Specialist® (Especialista em Recuperação do Luto), meu instrutor disse: "Ninguém chora para sempre", e uma lâmpada se acendeu na minha mente. Depois de perceber que não era possível chorar para sempre (enchendo a sala como aquela cena em *As Aventuras de Alice no País das Maravilhas*), consegui me dar permissão para chorar. Na próxima vez que você sentir aquele nó na garganta, diga a si mesmo: "Não tem problema chorar, porque ninguém chora para sempre. Uma hora isso chega ao fim". Veja se isso lhe dá a permissão necessária para liberar as lágrimas que está segurando.

Sobre viver o luto

6 de fevereiro

"Um amigo que diz: 'Não sei o que dizer, mas estou aqui' oferece uma conexão viva; um amigo que está misteriosamente ausente é um dreno adicional para uma pessoa que não aguenta mais sofrer."
— JANET REICH ELSBACH

O luto complica as amizades como nenhuma outra coisa. Fique de olho nos amigos que estão ao seu lado ou aparecem por mensagem de texto, ligação ou e-mail nos dias difíceis. Essas são as pessoas que você deseja que fiquem por perto após a perda. Eles podem não ter nada reconfortante a dizer, mas estão presentes, e isso é muito importante quando se está de luto. No início, pegue leve com os amigos que desaparecerem ou que ficarem constrangidos com a morte do seu ente querido. Eles provavelmente nunca aprenderam nada sobre luto ou nunca passaram por isso. Permita que eles se afastem, enquanto aceita que outros amigos cuidem de você. Quando o momento parecer certo, e se estiver preparado, tente se reconectar. Você pode se surpreender com o que vai descobrir.

7 de fevereiro

Escolha um cartão com um padrão ou desenho que você adore e escreva um bilhete gentil, engraçado ou atencioso para um amigo. Conectar-se com outras pessoas o ajuda a se sentir mais conectado a si mesmo, e a ação física de escrever um bilhete pode ajudá-lo a se concentrar em uma única tarefa. (Além disso, quem não adora receber uma correspondência tradicional hoje em dia?) Se estiver sem saber o que fazer, considere agradecer ao seu amigo por ser o supervisor do livro de visitas do funeral ou por falar das lixeiras de reciclagem na semana anterior, contar uma história sobre uma foto do seu ente querido que acompanha o cartão ou elogiar seu amigo por alguma coisa que seu ente querido teria notado nele.

8 de fevereiro

"O luto não é só 'olhar para trás'."
— KATE BOWLER

Existe um equívoco de que o luto é "olhar para trás", sofrer por alguém cuja vida foi reduzida a lembranças. Mas o luto também significa "olhar para frente", perceber e lamentar todos os eventos futuros dos quais seu ente querido nunca vai poder participar. O luto é metade sobre lamentar o passado que aconteceu e metade sobre lamentar o futuro que nunca vai existir. Você não é esquisito nem louco por pular meses, anos ou décadas à frente para imaginar uma vida sem a presença do seu ente querido. Na verdade, quando a perda acontece, muitas vezes sentimos que estamos perdendo tudo de uma vez: passado, presente e futuro. Às vezes, nesses momentos, é reconfortante saber que, embora a pessoa não possa mais estar com você, suas lembranças e seu amor por ela podem.

9 de fevereiro

Um jeito de honrar a morte do seu ente querido enquanto "olha para frente" é ponderar como você gostaria de morrer. Olhar para

Sobre viver o luto

o modo como outra pessoa morreu nos ajuda a descobrir como gostaríamos que fosse a nossa própria morte. Faça um testamento, consulte um advogado especializado em questões de fim de vida ou uma doula da morte para obter ajuda e pensar nos seus desejos finais. Pergunte a si mesmo: "Se eu tivesse a morte ideal, como gostaria que fosse?". Você quer doar seus órgãos para alguém ou seu corpo para estudo? Quer doar dinheiro, roupas, joias ou terras para uma instituição de caridade? Quer ser enterrado, cremado ou outra coisa? Quer uma cerimônia formal ou um acontecimento casual? O que vai acontecer com seus filhos, seus animais de estimação e sua propriedade? Um dos melhores presentes que podem vir do fato de perder alguém é a certeza de que você dá às pessoas da sua vida sobre como você gostaria de morrer e ser lembrado.

10 de fevereiro

"Não perdemos nossas lembranças por vivermos bem após a perda."
— CHRISTINA RASMUSSEN

Alguns dos meus clientes me disseram que têm medo de seguir em frente depois de uma perda porque vão se privar das lembranças preciosas que possuem de seus entes queridos. Existe uma falsa ilusão de que ou podemos dar um passo para um futuro vibrante e alegre ou podemos continuar de luto. Na realidade, as duas coisas são possíveis. Podemos ter um futuro que seja uma bela mistura tanto de lembranças do ente querido quanto do nosso desejo de ser feliz, inteiro e alegre de novo. Viver bem não significa descartar a pessoa que morreu.

Shelby Forsythia

11 de fevereiro

Use sua imaginação ou um gerador de palavras on-line para fazer uma lista de 52 palavras aleatórias. Aqui estão cinco para você começar: *café da manhã, flores, escola, mesa, música*. Uma vez por semana, escolha uma palavra dessa lista de palavras aleatórias e procure uma lembrança da pessoa amada baseada nela. Por exemplo, a palavra *café da manhã* me traz a lembrança de minha mãe fazendo torradas com canela e brincando que elas são um alimento característico do Meio-Oeste, enquanto o café da manhã preferido do meu pai, biscoitos, é um item essencial do café da manhã no sul dos Estados Unidos. Ainda consigo vê-la misturando canela e açúcar em um pote da *Tupperware* para ter sempre à mão na despensa. Esse exercício o ajudará a manter as lembranças da pessoa amada à frente e ao centro, enquanto você continua a viver a vida no futuro.

12 de fevereiro

"No luto, mesmo depois dos relacionamentos mais felizes, repassamos as coisas várias vezes seguidas."
— LAURIE GRAHAM

Ruminar é uma parte normal do luto. Às vezes, pensar em uma lembrança ou evento várias vezes pode ser assustador, porque o cérebro nunca tinha se concentrado com tanta intensidade em alguma coisa. Mas colocar uma lembrança ou um evento no modo de repetição é a maneira de o nosso cérebro solidificar a história e ligá-la a outras histórias e lembranças na nossa mente.

13 de fevereiro

Se a ruminação não permitir que você durma à noite, tente praticar uma boa higiene do sono e criar um cronograma para acostumar seu cérebro a uma rotina que faça você se desligar. Beba um chá de ervas sem cafeína, tome um banho, apague a luz, ligue um aparelho de som e diminua a temperatura do quarto para ajudar a fazer a transição da sua mente da roda de hamster da ruminação para um estado de repouso. Você pode até tentar um aplicativo ou *podcast* de meditação para ajudá-lo a dormir. O melhor presente que recebi depois da morte da minha mãe foi um cobertor pesado, o qual (como aquelas jaquetas pesadas para cães) me ajudou a me sentir segura, protegida e pronta para descansar.

14 de fevereiro[1]

"Você vai viver em mim para sempre. Suas palavras, seu coração e sua mente fazem parte de mim. Meu coração está repleto das suas lembranças. Obrigada pelo presente da sua vida. Nunca vou me esquecer de você."
— AMY ELDON

Algumas coisas permanecem verdadeiras ao longo do tempo. Sempre vamos amar a pessoa que perdemos. Sempre vamos carregá-la conosco. Sempre estaremos repletos das lembranças

---

1 (N. E.): Nos Estados Unidos, dia 14 de fevereiro é comemorado o Dia de São Valentim ou Dia dos Namorados; no Brasil, isso acontece no dia 12 de junho.

que criamos com ela. Nesse dia que se celebra o amor e os relacionamentos, saiba que essas verdades fundamentais nunca podem ser tiradas de você. Elas são a promessa vitalícia de que o luto nos faz no momento em que nosso coração está partido.

15 de fevereiro

Muitas vezes podemos gerar sentimentos de amor por nós mesmos quando fazemos uma coisa adorável para alguém. Comemore a vida do seu ente querido se oferecendo como voluntário em um abrigo local; doe uma peça de roupa, joias ou coleção de livros do seu ente querido para alguém; ou doe para uma instituição de caridade que seu ente querido teria apoiado. Faça sua parte para dar continuidade à vida do seu ente querido se tornando um canal vivo para o amor dele. Use seus olhos, seus ouvidos, suas mãos e sua boca para se tornar um mensageiro por meio do qual o amor do seu ente querido viaja. Como seu ente querido gostaria de demonstrar seu amor para o mundo? Você pode fazer isso acontecer.

16 de fevereiro

"Eu sei, agora, que nunca superamos grandes perdas; nós as absorvemos e elas nos transformam em criaturas diferentes, muitas vezes mais gentis."
— GAIL CALDWELLT

O luto pela própria perda permite que você perceba e sinta empatia pelas perdas dos outros. Quer elas falem sobre isso ou não, todas

Sobre viver o luto

as pessoas que você conhece e todas as que não conhece estão enfrentando algum tipo de luta. Pode não ser a perda de um ente querido, mas assim como a sua luta, ela é difícil, desafiadora e está mudando a vida da pessoa. É desafiador imaginar o luto como uma experiência de doação, mas um presente do luto é a capacidade de reconhecer e honrar as perdas e as dificuldades dos outros.

17 de fevereiro

Estudos mostram que fazer uma gentileza para outra pessoa é capaz de melhorar nosso humor. Segure a porta para alguém, faça um elogio, dê um "alô" caloroso ou deixe alguém entrar na sua frente na fila. Veja qual é a sensação de realizar um ato de bondade para outra pessoa. Olhe para quem recebeu sua bondade como seu ente querido e imagine seu rosto com um sorriso agradecido.

18 de fevereiro

"Aceitação não é um alívio, é a compreensão de que você sempre carregará o luto consigo."
— MARI ANDREW

Somos ensinados que chegar a um ponto de aceitação significa não ter mais luto e não guardar mais nenhum sentimento negativo sobre a morte da pessoa que você ama. Na realidade, aceitação é só reconhecer que o que aconteceu de fato aconteceu e reconhecer a verdade amarga de que a morte é permanente e irreversível. Aceitação não tem a ver com sensação de alívio. Aceitação é a compreensão sincera de que sua perda aconteceu e que a dor vai durar muito tempo.

19 de fevereiro

Controle seu *feed* de mídias sociais para incluir postagens e imagens de pessoas que estão carregando consigo o luto. Uma série de terapeutas, celebridades, autores, professores, líderes religiosos e figuras públicas sobreviveram à morte de um ente querido e continuam a honrar essa pessoa por toda a vida. Considere que esses outros enlutados são modelos que aceitam o que aconteceu e também que o luto continua. Algumas das minhas figuras públicas preferidas para seguir são Oprah Winfrey, que perdeu sua amiga amada Maya Angelou; Mari Andrew, que perdeu o pai; e Elizabeth Gilbert, que perdeu sua companheira, Rayya Elias. Se você não for muito presente nas mídias sociais, tente fazer uma curadoria das revistas que você lê, dos programas de rádio que ouve e das *newsletters* que assina por e-mail. Faça o possível para que tudo que você consuma após a perda trabalhe pela sua cura, não contra ela.

20 de fevereiro

"E é preciso entender que coragem não é ausência de medo, mas sim a força para seguir em frente apesar do medo."
— PAULO COELHO

Luto significa ser corajoso e temeroso ao mesmo tempo. Há muito a temer na vida após a perda e também há uma enorme quantidade

Sobre viver o luto

de força no ato de seguir em frente todos os dias. Você pode não perceber agora, mas garanto que todos os enlutados que encontrei tiveram um momento, em seis meses, um ano ou cinco anos depois da perda em que olharam para trás e pensaram: "Uau. Não acredito que sobrevivi àquilo. Não acredito que cheguei até aqui". Nesse lampejo de compreensão, eles reconhecem tanto o medo real da vida depois que um ente querido morre quanto a tremenda coragem necessária para continuar a viver todo dia com esse medo nas costas. Sei que você também vai ter esse momento um dia, em que vai homenagear seu medo e sua incrível resiliência ao mesmo tempo.

21 de fevereiro

Procure encarar o medo como se ele fosse uma mochila com alças coladas para sempre em seus ombros. Em um diário ou caderno, escreva a seguinte frase: "O medo que carrego hoje é (insira os medos)". Liste todos os medos que quiser: por exemplo, "o medo de esquecer meu ente querido" ou "o medo de que minha vida sempre será assim a partir de agora". Depois de listar todos os medos que sentiu naquele dia, escreva na parte inferior do papel: "Estou escolhendo demonstrar coragem ao (inserir as ações)". Em seguida, liste todas as maneiras como você está progredindo, mesmo ainda sentindo medo: por exemplo, "indo para o trabalho", "participando do meu primeiro grupo de apoio ao luto" ou simplesmente "saindo da cama hoje pela manhã". Ao visualizar o medo como um companheiro constante, você se dá permissão para caminhar todos os dias com força a cada passo. O medo e a bravura têm permissão para coexistir.

Shelby Forsythia

22 de fevereiro

"Os enlutados precisam algo mais do que espaço para sofrer o luto da perda. Eles também precisam de espaço para sofrer o luto da transição."
— LYNDA CHELDELIN FELL

Quando passamos pelo luto, é mais do que só pela pessoa que perdemos. Também estamos de luto pela vida que tínhamos antes e pela pessoa que éramos. Com a morte de um ente querido, entramos em um espaço liminar — paramos de viver a vida antiga, mas ainda não entramos na nova. E estar nesse meio-termo de transição vale o luto. Se você estiver nesse espaço, seja generoso e misericordioso consigo mesmo. Todo mundo que passou pelo luto já esteve onde você está agora. É necessário passar pelo luto da transição.

23 de fevereiro

Três locuções poderosas — "agora", "neste momento" e "por enquanto" — adicionadas a qualquer frase falada ou pensada permitem que as pessoas ao redor saibam que você está em um estado de transição e está fazendo o melhor que pode. Por exemplo, "Não estou pronto para limpar a casa da mamãe" parece definitivo, como se você nunca fosse conseguir limpar a casa da sua mãe. "Não estou pronto para limpar a casa da mamãe *agora*" permite que você e outras pessoas saibam que essa decisão é temporária e que estará aberto a limpar a casa da sua mãe no futuro. Tente usar essa ferramenta ao receber ou recusar convidados ("Não estamos aceitando visitas *por enquanto*"), ao tomar decisões importantes

Sobre viver o luto

sobre a sua carreira (*"Neste momento*, estou me sentindo bem para voltar ao trabalho") e ao criar planos sociais ("Por enquanto, não estou com vontade de ir ao evento de arrecadação de fundos amanhã"). Saber que você não precisa decidir tudo hoje pode ajudá-lo a sentir que tem mais espaço para respirar.

24 de fevereiro

"Você não pode apressar o luto. Ele tem seu próprio cronograma. Tudo o que você pode fazer é garantir que haja muitos lugares macios ao redor: camas, travesseiros, braços, colos."
— PATTI DAVIS

Pode parecer bobo ou infantil se cercar de objetos confortáveis após uma perda, mas para muitos enlutados estar rodeado de conforto alivia o golpe mental, físico e emocional da morte. Podemos, literalmente, nos enterrar em cobertores e travesseiros ou pedir para sermos abraçados e consolados por alguém que amamos. É claro que esses objetos não são substitutos para a pessoa que perdemos, no entanto, podem oferecer aconchego, descanso e um pouco de relaxamento em um momento difícil. O luto não pode ser apressado, mas podemos nos aninhar nele durante o percurso.

25 de fevereiro

Se você estiver tendo dificuldades para determinar o que o conforta, pense em como passava seu tempo quando criança. Você gostava de desenhar, pintar ou tirar fotos? Gostava de construir coisas, cozinhar ou cavar na terra? Experimente integrar um passatempo infantil à sua rotina diária ou semanal. Veja como se sente e continue a atividade se tiver a sensação de que ajudou. Muitas vezes, aquilo que fazemos quando somos mais jovens pode nos ajudar a processar e expressar os problemas que aparecem na vida adulta.

26 de fevereiro

"O luto faz uma hora parecer dez."
— WILLIAM SHAKESPEARE

O tempo é tortuoso no luto, e isso é uma coisa normal. Seis meses podem desaparecer em um piscar de olhos, e cinco minutos podem parecer décadas. Novos eventos e experiências — que existem muito no luto — dão a ilusão tanto de comprimir quanto de prolongar o tempo. Se você perceber que está se esquecendo de que dia é, atrasando-se por acaso ou se sobrecarregando de tarefas, mantenha a esperança; você está passando pelo "tempo do luto".

27 de fevereiro

É normal perder a noção do tempo durante o luto. Defina um alarme no seu celular ou computador para reuniões, eventos e marcos importantes. Esses alarmes podem ser vibrações silenciosas, sinos tocando ou, se você for especialista em tecnologia, músicas inspiradoras. Você pode até pensar em configurar dois alarmes: um para o evento que deseja lembrar e outro que dispara um dia, uma

Sobre viver o luto

semana ou um mês antes desse evento. Dar tempo a si mesmo para se preparar proporciona uma camada mental de generosidade e liberdade de movimento. Pode ser que você não precisasse definir alarmes antes da morte de um ente querido, mas depois da perda é normal ficar sobrecarregado ou esquecido. Pense no ajuste de alarmes como um ato de amor a serviço do seu futuro eu.

28 de fevereiro

"Prometa que você vai sempre se lembrar do seguinte: você é mais corajoso do que acredita, mais forte do que parece e mais inteligente do que pensa."
— URSINHO POOH (A. A. MILNE)

Certa vez, em uma ligação com um cliente, eu disse: "Você sabe mais do que pensa que sabe". Minha cliente tinha acabado de colocar em palavras uma emoção muito real, se permitiu senti-la e criou os próximos passos para o luto com base nessa emoção — tudo com o mínimo de ajuda minha. Naquele momento, reconheci que ela, eu e tantas outras pessoas enlutadas sabemos muito mais do que pensamos que sabemos. Sim, podemos estar vivendo o luto pela primeira vez, mas ainda somos capazes e intuitivos. Sabemos mais do que pensamos saber.

29 de fevereiro

Pergunte a si mesmo: "Se eu pudesse ter qualquer coisa no mundo agora, o que seria?". Escreva a primeira coisa que vier à mente. Por exemplo, você gostaria de uma hora a mais de sono ou um abraço do ente querido que morreu? Deixe sua resposta ser abrangente ou impossível no primeiro passo. Em seguida, reserve cinco minutos para pensar em todas as maneiras de tornar seu desejo realidade — ou o mais próximo possível da realidade. Por exemplo, você pode não conseguir dormir uma hora a mais todas as noites, mas você teria tempo para um cochilo de vinte minutos à tarde? Você pode não ser capaz de abraçar seu ente querido, mas poderia visitar um amigo ou parente que o conhece? Você não precisa negar conforto a si mesmo só porque não consegue obter sua "visão perfeita" de apoio. Lembre-se de que esse exercício não visa "preencher" o buraco deixado pela perda; trata-se de montar andaimes ao redor desse buraco para que ele não pareça tão grande e vazio.

1º de março

"Algumas pessoas acreditam que aguentar e resistir são sinais de muita força. No entanto, há momentos em que é preciso muito mais força para saber quando deixar ir e depois fazer isso."

— ANN LANDERS

Muitos enlutados me disseram que têm medo de deixar ir, porque isso significa que irão se esquecer do ente querido. Mas isso não é necessariamente verdade. Para mim, deixar ir significa liberar o controle rígido que você tem sobre os arrependimentos e as oportunidades perdidas, a culpa ou a vergonha que você carrega ou a dor no seu coração. É impossível esquecer a perda ou a pessoa falecida que ama — e seria ridículo alguém lhe pedir isso.

No entanto, é possível relaxar um pouco no departamento da autotortura. Respire fundo e se liberte. Você não vai esquecer seu ente querido ao deixa-lo ir.

2 de março

Amigos e parentes bem-intencionados vão lhe dizer "só deixa pra lá", mas como isso é possível? Parece impossível deixar de lado a dor, a mágoa ou as lembranças de alguém que você ama. Portanto, em vez de "só deixar pra lá", tente usar o termo "liberar". Liberar (em inglês, release) vem da palavra latina *relaxare*, que significa "afrouxar, se libertar do confinamento e da obrigação" — e isso pode parecer muito mais claro do que "só deixar pra lá". Pergunte a si mesmo o que você gostaria de afrouxar e do que gostaria de se libertar do confinamento e da obrigação. Talvez você queira liberar os pensamentos dos momentos finais do seu ente querido. Talvez queira liberar a obrigação de organizar a festa do quarteirão do seu bairro este ano. Quando você sentir que está se agarrando a alguma coisa com muita força, preencha a seguinte frase: "Neste momento, gostaria de me liberar de (inserir coisa a ser liberada)".

3 de março

"Torne-se um possibilitário. Não importa o quanto as coisas pareçam sombrias ou realmente estejam, levante os olhos e veja as possibilidades… Sempre as veja, pois elas estão sempre lá."

— NORMAN VINCENT PEALE

Nunca vou pedir que você seja uma pessoa otimista, mas vou pedir que se lembre de que a vida é muito mais do que o que está vivendo agora. Quando a morte acontece, parece que tudo vai ser eternamente sombrio, terrível e de cabeça para baixo. Mas na realidade a perda é apenas uma passagem da sua vida. Existe mais do que que está vivendo agora. Você não precisa ter esperança, mas isso pode ajudá-lo a se lembrar de que seu futuro é cheio de possibilidades. Sua vida não acabou — só a vida como você a conhecia. Sendo assim, chore, chore, chore e saiba que outras coisas estão sempre vindo em sua direção.

4 de março

Meus clientes costumam me dizer que é comum sentirem muita ansiedade depois da morte de um ente querido. Depois que eles viveram a perda, parece que um mundo de possibilidades negativas se abriu, e eles simplesmente ficam tensos aguardando que a próxima coisa ruim apareça pelo caminho. Agora que a morte aconteceu, parece que só coisas ruins tendem a aparecer daqui em diante, não é mesmo? A verdade é que tanto as situações boas quanto as ruins são tão possíveis de acontecer quanto eram antes da perda. Experimente o seguinte: para cada "e se" negativo ou ansioso que passar pela sua mente, combine-o com outro "e se" igualmente forte e positivo. Por exemplo, "Minha mãe acabou de morrer; talvez meu pai seja o próximo" e "Minha mãe acabou de morrer; talvez meu pai viva até os cem anos". O objetivo não é eliminar sua ansiedade ou a voz que pergunta "e se", mas se lembrar de que há muitas possibilidades no futuro, e que nem todas são ruins.

Sobre viver o luto

5 de março

"Todos nós queremos fazer alguma coisa para aliviar a dor da perda ou transformar o luto em algo positivo, encontrar uma fresta de esperança nas nuvens. Mas acredito que há um valor verdadeiro em simplesmente ficar parado ali, imóvel e triste."
— JOHN GREEN

Vivemos em um mundo que nos diz que a tristeza é uma emoção inútil e que não tem sentido. Existe uma pressão visível e invisível para fazer alguma coisa com a tristeza para que ela não continue nos assolando. Mas a tristeza não precisa ser transformada em ação ou positividade de imediato. Às vezes, é normal só se sentar e sentir a tristeza, livre da obrigação de transformá-la em qualquer outro sentimento. A tristeza é uma reação saudável e mais do que normal à perda de alguém que você ama. Portanto, se permita sentir a tristeza sem a pressão de transmutá-la. Saiba que a tristeza, assim como todas as outras emoções humanas, em algum momento vai passar.

6 de março

Fale consigo mesmo como se estivesse falando com algum amigo querido ou com uma criança que está passando pelo processo de luto. Você nunca pediria a um amigo nem a um filho que parasse de chorar pela morte de um ente querido ou que corresse para encontrar um lado positivo na perda da pessoa que ela ama. O que você diria em vez disso? Algumas das minhas frases preferidas para usar comigo mesma quando estou triste são: "Ah, querida,

Shelby Forsythia

é claro que você está arrasada. Estou aqui" e "Não tem problema estar triste agora. Você não precisa sentir nada diferente disso". Veja como essas frases lhe parecem — ou crie as suas. No início, pode parecer ridículo falar consigo dessa maneira, mas é uma prática maravilhosa de autocompaixão e de realmente "ver" todo o seu ser quando você está sentindo uma emoção que não seja positiva. Você é digno de amor e compaixão — ainda mais quando está triste.

7 de março

"O luto é uma jornada que nos ensina a amar de uma nova forma, agora que o ente querido não está mais conosco. Lembrar-se conscientemente daqueles que morreram é a chave que abre os corações, que nos permite amá-los de novas maneiras."
— TOM ATTIG

Já estou ouvindo sua voz: "Mas eu não quero aprender a amar meu ente querido de uma nova maneira". É normal resistir e rejeitar o fato de que a morte nos força a expressar o sentimento pelas pessoas amadas de maneira diferente. A boa notícia é que o amor nunca morre. Estamos tão cheios desse sentimento pelo ente querido quanto éramos antes da sua morte, talvez até mais. Só precisamos determinar para que lugar esse amor vai, agora que não podemos mais estar fisicamente com a pessoa. A verdade é que todos que já viveram o luto estiveram na mesma situação que você, que pode se perguntar: "Onde coloco meu amor agora?". A resposta é única para cada pessoa e não tem problema se essa resposta não aparecer de imediato. Mantenha seu coração aberto a novas possibilidades de expressar o amor, sabendo que existem várias maneiras pelas quais esse sentimento é capaz de sobreviver após a perda.

8 de março

Um jeito de amar o ente querido de uma nova maneira após a perda é desenvolver um ritual em sua homenagem. Os rituais podem ser particulares, como acender uma vela no quarto toda manhã; ou públicos, como correr cinco quilômetros por ano em homenagem a pessoa que você ama e que se foi. Conforme você avança na vida após a perda, fique de ouvidos atentos para ideias de rituais e inspirações vindas de outras pessoas. Quando se deparar com um ritual que faça sentido para você, experimente-o por um tempo e veja se o ajuda a se sentir conectado a quem se foi. Se fizer sentido, maravilha. Prossiga. Se não fizer sentido, continue procurando. Você vai encontrar ou inventar algum ritual que funcione para você.

9 de março

"O mais estranho em relação a uma perda arrasadora é que a vida, de fato, continua. Quando você se depara com uma tragédia, uma perda tão grande que você não tem ideia de como pode viver com ela, de alguma forma, o mundo continua girando, os segundos continuam passando."
— JAMES PATTERSON

Shelby Forsythia

Uma das verdades mais surreais e tranquilizadoras do luto é esta: você não precisa descobrir como continuar; a vida já está fazendo isso por você. Muitos enlutados tratam o "continuar" como um quebra-cabeça ou um problema a ser resolvido, quando na verdade o tempo, o luto e a vida estão sempre seguindo em frente. Alivie a pressão de descobrir como "seguir em frente"; o mundo já está em movimento. Em vez disso, busque apoio de outras pessoas que estão de luto e que estão aprendendo a viver em um mundo que continua girando mesmo sem a presença seus entes queridos. Existem muitos por aí.

10 de março

Pode ser desesperador pensar no futuro depois que um ente querido morre. Tente fazer o seguinte: sobreviva pelos próximos sessenta segundos. Isso mesmo. Tente sobreviver sessenta segundos. Quando parecer fácil, tente sobreviver por uma hora. Quando parecer fácil de novo, tente sobreviver de uma refeição até a outra: por exemplo, do café da manhã até o almoço, do almoço até o jantar, do jantar até o café da manhã. Em algum momento, você vai será capaz de sobreviver a um dia inteiro. Depois, sem perceber, uma semana inteira terá passado. Quando surgirem gatilhos do luto ou se você estiver em um momento muito difícil, volte a tentar sobreviver a sessenta segundos, depois uma hora, depois entre as refeições, e assim por diante. Use esse exercício para controlar uma mente acelerada que está indo em direção a um futuro desconhecido. Ele pode manter algo tão abstrato e contínuo quanto o tempo dentro de limites que você consegue contabilizar e compreender.

Sobre viver o luto

11 de março

"Nós, enlutados, não estamos sozinhos. Pertencemos ao maior grupo do mundo: o grupo daqueles que conheceram o sofrimento."
— HELEN KELLER

Por fora, parentes, amigos e desconhecidos podem dar a impressão de que têm a vida totalmente sob controle. Você pode achar que é o único no mundo sofrendo nesse nível. E, de certa maneira, é verdade. Ninguém além de você sabe exatamente como é estar no seu lugar e vivenciar a sua perda. Mas, de outras maneiras, todas as pessoas do mundo sabem o que significa sofrer. Todos perderam, sofreram, choraram ou ficaram com o coração partido em algum nível. E existe solidariedade e conforto nisso.

12 de março

As pessoas ao nosso redor costumam dizer: "Avise se houver alguma coisa que eu possa fazer". Peça para elas lhe contarem uma história sobre a época em que enfrentaram uma perda. Você pode pedir de diversas maneiras: "Não consigo pensar em uma tarefa agora, mas você poderia me contar sobre uma época em que parecia que seu mundo estava acabando?", "Está tudo sob controle, mas poderia me mandar um e-mail contando sobre uma dificuldade pela qual você passou?". Na superfície, pode parecer um método infalível para "dobrar" a tristeza, mas, quando você está de luto, o que prefere ouvir: chavões e clichês sobre como superar dificuldades ou histórias de pessoas que também passaram

Shelby Forsythia

por elas? Você pode descobrir que algumas das pessoas próximas sobreviveram a circunstâncias extremamente difíceis. E saber que elas sobreviveram pode injetar um pouco de esperança em você.

13 de março

"Qualquer experiência dolorosa faz com que você veja as coisas de forma diferente."
— AMY POEHLER

Não temos que tentar aprender com a dor; nós simplesmente aprendemos. E muitas vezes o que aprendemos com a morte de um ente querido é uma maneira nova ou diferente de ver o mundo. Se você viu o mundo de um jeito durante toda a vida e depois vivenciou a morte de alguém especial, pode ser assustador ou avassalador ter suas crenças alteradas da noite para o dia. Os enlutados costumam expressar pesar pela perda da fé, da positividade e da confiança, para citar apenas alguns exemplos. Saiba que essas "perdas secundárias" costumam acompanhar uma muito grande, como a morte. Já estive no lugar em que você está e, embora pareça o fim do mundo, não é. É o fim do mundo como você o conhecia. Outro mundo, um mundo que honra e inclui a morte do seu ente querido, está esperando por você.

14 de março

As perdas secundárias são todas as coisas que perdemos além do ente querido e que, muitas vezes, não percebemos. Existem três

Sobre viver o luto

categorias de perda secundária: imediata (perdas que você sente logo que a pessoa querida morre), gradual (perdas que você vivencia ao longo do tempo) e a perda inesperada (aquelas que parecem surgir do nada). Em um papel, desenhe três colunas e rotule-as como "Imediata", "Gradual" e "Inesperada". Em cada coluna, liste as perdas secundárias que você vivenciou. Por exemplo, uma perda imediata pode ser a rotina matinal. Uma perda gradual pode ser a estabilidade financeira. Uma perda inesperada pode ser a lembrança de uma antiga receita de família. Escrever, assim como falar em voz alta, pode tirar o peso de equilibrar esses lutos múltiplos.

15 de março

"O luto pode ser um fardo, mas também uma âncora. Você se acostuma com o peso, com o modo como ele o mantém no lugar."
— SARAH DESSEN

O luto é muito pesado, e isso pode ser irritante, exaustivo ou até doloroso. Mas o luto também é uma espécie de âncora que o prende a um ponto específico na linha do tempo da sua existência. Existe um novo senso de profundidade na sua vida agora, provocado pela perda de um ente querido, e essa profundidade nunca lhe poderá ser tirada. Você sempre vai carregar o luto consigo, e há algo estranhamente reconfortante na sua presença constante. Com o tempo e a prática contínua, você pode aprender a viver com o luto, avançando enquanto ele o mantém conectado com o momento em que seu ente querido morreu. Existe espaço para você e para o luto na sua vida.

Shelby Forsythia

16 de março

Muitos dos meus clientes me dizem que sentem que o luto tem poder absoluto sobre eles. Eles usam palavras como *paralisante*, *incapacitante* e *esmagador* para descrever o peso do luto. Eu os incentivo a recuperarem seu poder respondendo à perda como se ela fosse uma pessoa viva. Responder ao luto pode ajudá-lo a sentir que está construindo um relacionamento com a perda, em vez de ser pulverizado por ela. Na próxima vez que o luto surgir na sua vida, pense ou diga em voz alta: "Ei, achei que eu ia te encontrar aqui" ou "Uau, há quanto tempo. Quanto tempo se passou desde que você apareceu pela última vez? Cinco minutos?" ou "Estou com alguma dificuldade para respirar. Será que você pode dar um passinho à esquerda?". Conversar e até mesmo brincar com o luto pode descarregar parte do seu poder desgastante e ajudá-lo a sentir que tem voz na maneira como o luto se manifesta.

17 de março

"Devemos abrir mão da vida que planejamos para aceitar aquela que nos espera."
— JOSEPH CAMPBELL

O luto pela pessoa que perdemos é muito mais do que lamentar a vida que ela teve. Devemos, também, lamentar o caminho em que estávamos antes — a vida que não podemos mais ter como resultado da morte do ente querido. Liberar esperanças e sonhos é um processo doloroso, mas tomar essa atitude nos permite abrir espaço para a vida que nos espera. Nossos planos e expectativas

Sobre viver o luto

antigos eram importantes e valiosos, sim, mas um futuro igualmente digno da nossa esperança e do nosso investimento está chegando.

18 de março

Muitos enlutados sentem pressão para se desprender da antiga vida de uma só vez, como se quisessem arrancar um esparadrapo bem rápido para diminuir a duração da dor. Mas deixar tudo ir embora de uma vez pode parecer muito avassalador e, sinceramente, não é algo possível de acontecer. Dê a si mesmo permissão para abrir mão da sua antiga vida despedaçada. Sempre que estiver pensando em um elemento da sua antiga vida, que não está mais presente, diga em voz alta a seguinte frase: "Estou abrindo mão do meu sonho de voltar para a pós-graduação". Na próxima respiração, diga uma coisa verdadeira sobre a vida que está vivendo atualmente. Por exemplo: "Estou vivendo a realidade de que a pós-graduação não faz mais parte do meu plano e que agora eu preciso trabalhar em tempo integral para conseguir me sustentar". Aos poucos, cada verdade que você nomear tomará o lugar de um plano anterior. Ao liberar os pedaços da sua antiga vida, você consegue juntar os pedaços da vida que pertence a você agora.

19 de março

"Existem três necessidades do enlutado: encontrar as palavras para a perda, dizer as palavras em voz alta e saber que as palavras foram ouvidas."
— VICTORIA ALEXANDER

Para dar ao luto seu lugar legítimo na vida, precisamos defini-lo, nomeá-lo e compartilhar nossas descobertas com outras pessoas. Tirando isso, o luto é uma experiência ambígua e silenciosa, um fardo que carregamos sozinhos. As histórias de perda de outras pessoas são um lugar maravilhoso para encontrar palavras para descrever a sua. Depois de encontrar as palavras, compartilhe-as com uma pessoa ou com uma comunidade de confiança. Outros enlutados saberão por que você precisa dizer as palavras em voz alta e estarão mais do que dispostos a reservar esse espaço para você.

20 de março

Depois da perda da minha mãe, eu me esforçava para conseguir ler mais do que quatro ou cinco frases de cada vez. Em vez de parar completamente de ler — eu adoro livros —, me voltei para o mundo dos audiolivros. De alguma forma, ouvir as palavras era mais fácil do que tentar lê-las, e encontrei paz e consolo em ouvir a voz de outro humano. Existe algum livro que você tem a intenção de ler, mas simplesmente não consegue se concentrar nas páginas? Procure pelo áudio e tente escutar o audiolivro. No Brasil, existem aplicativos de assinatura para esse tipo de mídia.

21 de março

"O luto e a lembrança andam juntos. Depois que alguém morre, isso é o que lhe resta. E as lembranças são muito escorregadias, mas também muito ricas."

— MIKE MILLS

Sobre viver o luto

Uma das realidades mais difíceis do luto é que o que sobrou do ente querido — além de objetos físicos que decidimos manter — vive apenas na nossa mente. As lembranças são tudo o que temos deles e, como não estão mais vivos, perdemos a chance de criar novas lembranças. Ficamos com um banco finito de momentos para curtir. Podemos desencadear essas lembranças por conta própria, mas às vezes, quando menos esperamos, nos lembramos de um momento específico com a pessoa que se foi. Boas lembranças da minha mãe voltam correndo para mim toda vez que ouço o hino religioso *Está bem com a minha alma*. Sempre que ouço essa música, sinto como se um pequeno tesouro tivesse sido descoberto na minha mente. Naquele momento, minha mãe está bem ali comigo.

22 de março

Ajuste um cronômetro para quinze minutos. Feche os olhos, respire fundo algumas vezes e imagine um momento da sua vida antes da morte do ente querido. Pode ser um momento importante, como um casamento ou uma formatura, ou uma lembrança cotidiana, como um churrasco ou um passeio de carro até o supermercado. Mergulhe de verdade nessa lembrança e sinta o que está ao seu redor. Como está o clima? Que cheiros, sabores e sons aparecem? Quem mais está por perto? Imagine seu ente querido interagindo com você na lembrança. Continue vivendo essa lembrança até que o cronômetro desligue. Quando voltar para o mundo real, lembre-se de que você tem essa ferramenta de lembrança à disposição o tempo todo. Você pode visitar as lembranças na mente e, a cada vez que o fizer, vai treinar o cérebro para ter lembranças do ente querido com facilidade.

Shelby Forsythia

23 de março

"Não deixe o perfeito ser inimigo do bom."
— VOLTAIRE

Sente-se pressionado para viver corretamente o luto? Você não está sozinho. Com todas as mensagens que recebemos de amigos, parentes e da mídia sobre o luto, não é incomum pensar que deveríamos estar sofrendo de certa maneira. Muitos dos enlutados que conheço têm regras tácitas que ditam como eles devem agir, sentir e se comportar em determinado momento — e isso é tão exaustivo quanto parece. Tenha certeza de que não existe um jeito certo de viver o luto (e não existe um enlutado perfeito). A maneira como você está vivendo o luto agora é boa, não precisa ser perfeita. Não deixe que a pressão para ser o enlutado perfeito oprima sua capacidade de ser um bom enlutado. Bom é mais do que suficiente.

24 de março

É muito raro alguém aprender uma nova habilidade de imediato, e no luto não é diferente. Convide um amigo ou parente de confiança para ser seu treinador de "bom o suficiente" e peça para essa pessoa lembrar você, todo dia ou toda semana, que o seu melhor é bom o suficiente, não importa a tarefa. Avise que o trabalho deles não é pressioná-lo ou motivá-lo; é só lembrar o bom trabalho que você fez, vivendo a vida após a perda, e que você é inerentemente bom. O luto é o jogo, e seu treinador é sua torcida. Se ajudar, convide mais de uma pessoa para ser seu treinador para que se sinta mais apoiado durante esse tempo.

Sobre viver o luto

25 de março

"Nunca compare o seu luto. Você — e só você — anda pelo seu caminho."
— NATHALIE HIMMELRICH

Na longa estrada do luto, é tentador olhar para o enlutado na pista ao lado para ver como ele está e se comparar a ele. É humano querer saber se você está progredindo — e, se estiver, quanto você conseguiu progredir. Você está indo rápido? Está indo bem? Respire fundo e saiba que, embora haja semelhanças entre as histórias de pessoas que passaram pelo luto, elas nunca podem ser comparadas. Cada pessoa sente a perda, a dor e a recuperação em uma magnitude de cem por cento para ela. Saiba que você tem muita companhia na longa estrada que é o processo de luto, mas seu caminho não é comparável ao de ninguém — e o caminho dos outros não é comparável ao seu.

26 de março

O luto é contrário ao brilho e ao glamour das redes sociais. Embora plataformas como Facebook e Instagram sejam fenomenais para conectar pessoas enlutadas, elas também têm imagens reluzentes, refinadas e idealizadas da vida após a perda. Pense em programar um dia da semana sem nenhuma tela, quando você desliga o celular e o computador para caminhar na natureza ou se conectar com outro ser humano na vida real. Ter um dia específico longe da tecnologia vai ajudá-lo a se lembrar de que a presença de outras pessoas nas mídias sociais representa apenas um aspecto da vida

Shelby Forsythia

delas; nunca é a história toda. Assim como você, todo enlutado vivencia os altos e baixos da vida após a perda.

27 de março

"A maneira mais comum de as pessoas desistirem de seu poder é pensando que não têm nenhum."
— ALICE WALKER

Quando minha mãe morreu, o tipo de luto que enfrentei com mais frequência foi alguma variação da impotência: desesperança, desamparo, "resistir é inútil". Como o sentimento de impotência era muito forte, eu realmente acreditava que não tinha nenhum controle sobre nada; achava que era uma passageira da vida, acompanhando o passeio. O que percebi mais tarde foi que eu não tinha nenhum poder, controle ou voz sobre a minha perda, mas tinha poder, controle e voz sobre a minha resposta a ela. Devagar, com prática e compaixão, aprendi a reagir à minha perda recuperando a participação no meu tempo, na minha energia e na minha voz. Eu não era impotente, como havia acreditado no início, e sim poderosa, mas de um jeito muito diferente de como havia vivenciado o poder antes.

28 de março

Retomar o poder acontece muito mais no "micro" do que no "macro". Acontece nos momentos em que fazemos pequenas mudanças sustentáveis, não uma transformação colossal — o que é bom para nós, porque cada novo dia é mais uma oportunidade de recuperar o poder. Tente o seguinte: durante dez minutos por dia, faça alguma coisa que honre o seu luto. Faça uma caminhada, escreva em um diário, medite, faça arte, olhe uma joia ou uma foto — qualquer coisa, desde que honre o fato de que você é uma pessoa enlutada que vive na Terra. Em seguida, viva o resto do seu dia. Pode parecer ridiculamente pequeno gastar apenas dez minutos por dia com o seu luto, mas esses dez minutos — esse um por cento das horas em que você está acordado — representam um jeito poderoso e factível de recuperar seu poder, sua escolha e sua liberdade após a perda.

29 de março

"O luto parece, a princípio, destruir não apenas todos os padrões, mas também destruir a crença de que existe um padrão."
— JULIAN BARNES

Estrutura e padrão se dissolvem depois que alguém que você ama morre. Se sentir que está flutuando ou não tem um terreno sólido para se apoiar, saiba que não está sozinho. No início, parece que nada voltará a ser sólido. Isso é normal. Para a maioria das pessoas, a morte é uma experiência que não tem lógica, então é claro que todas as estruturas que usamos para dar sentido às coisas se tornem uma bolha gigantesca e sem fundamento por um tempo. Se você estiver nesse lugar, saiba que não é para sempre; esse efeito deso-rientador inicial do luto não é permanente. Em algum momento, à medida que os dias e as semanas passam, você vai notar o retorno dos padrões. A estrutura e o suporte vão se rematerializar sob os seus pés. Dê a si mesmo a generosidade de viver em um "tempo do luto" ambíguo, com o conhecimento de que você retornará ao "tempo da Terra" em breve.

30 de março

Quando a vida parecer instável ou sem chão, tente usar um totem para se lembrar de que você ainda está aqui, ancorado no momento presente. Algumas pessoas carregam um cristal ou uma moeda no bolso. Outros acariciam uma joia favorita. Seu totem deve ser um item físico que vai com você a todos os lugares — como uma espécie de cobertor de segurança para o luto. Toda vez que segurá-lo, saiba que você está vivo, respirando e ancorado no momento presente. Se ajudar, tente emparelhar seu totem com uma frase atenciosa como "Estou aqui. Estou respirando. Estou presente". Já vi pessoas fazendo tatuagens memoriais como totens, recortar páginas de um livro adorado para colocar em uma carteira ou bolsa ou ter chaveiros personalizados feitos com pedras preciosas ou as iniciais de seus entes queridos. Seu totem é um jeito único e especial de retornar a si mesmo quando a vida se torna opressiva.

31 de março

"Não podemos ser corajosos no grande mundo sem ter pelo menos um espacinho seguro para superar os medos e as quedas."
— BRENÉ BROWN

Sobre viver o luto

Todos nós precisamos ir a algum lugar quando estamos de luto. Por mais que seja uma experiência universal, o mundo como um todo não é um espaço seguro para o luto. Precisamos de lugares que sejam gentis, que não façam julgamentos e que sejam isolados o suficiente para que possamos processar as coisas pelas quais estamos passando no momento. É completamente normal sentir que você precisa se esconder ou se proteger antes de liberar grandes emoções ou lidar com seus medos.

1º de abril

Dê a si mesmo o presente da paz de espírito, planejando espaços seguros em locais aonde você vai com frequência. Por exemplo, um espaço seguro no trabalho pode ser uma escada ou um escritório vazio. Um espaço seguro no supermercado pode ser seu carro no estacionamento. Um espaço seguro no shopping pode ser a loja de velas no terceiro andar. Em um notebook ou no celular, planeje todos os espaços seguros aonde você pode ir quando a dor do luto parecer ser maior do que a vida. Visite seu espaço seguro quando estiver arrasado ou precisar fazer uma pequena pausa para se recompor. Se estiver cercado por outras pessoas, faça um comentário rápido para tranquilizá-las: "Já volto, só preciso me afastar por um instante".

2 de abril

"A ferida é o lugar por onde a luz entra em você."
— RUMI

Shelby Forsythia

A dor tem o poder de nos colocar em contato próximo conosco. Quando estamos feridos pela perda de alguém que amamos, nos tornamos pessoas vulneráveis. É exatamente nesse lugar de desamparo e desesperança que nos abrimos o suficiente para receber luz — emoções como consolo, paz e esperança fluem em paralelo com a tristeza. É como se o sentimento da perda de um ente querido nos despedaçasse tanto que não temos outra escolha a não ser experimentar emoções contrastantes como sofrimento e esperança ao mesmo tempo. O ponto em que mais sofremos é exatamente o momento em que vamos nos curar melhor.

3 de abril

Experimente fazer esta meditação antes de dormir ou em outro momento no qual precise se sentir relaxado. Fique de olhos fechados e imagine as feridas que o processo do luto deixou em você. Já ouvi pessoas descreverem a dor da perda como um peso ao redor dos tornozelos, um buraco aberto no peito ou uma faca cravada com força no estômago. Você sabe onde está localizado o seu luto? Encontre o luto no seu corpo e realmente sinta a ferida que a dor da perda deixou. Respire fundo depois disso. Quando estiver pronto, imagine uma equipe de pequenos ajudantes ao seu redor — que podem ser criaturas mágicas, como fadas ou elfos, ou seres da vida real, como um grupo de entes queridos ou um bando de pássaros — trabalhando nos seus ferimentos. Imagine esses ajudantes aplicando gelo, gaze, dando pontos ou passando pomadas nos lugares que mais doem. Permita-se ser cuidado por esses seres curadores que levam seu próprio tipo de luz reconfortante até suas feridas de luto.

4 de abril

"Quando alguém que você ama morre, você não o perde apenas no presente ou no passado. Você perde o futuro que deveria ter tido, e poderia ter tido com essa pessoa. Ela faz falta em toda a vida que poderia acontecer."
— MEGAN DEVINE

O luto é muito mais do que apenas a morte. Ao perder uma pessoa querida, você perde também sua presença em cada momento e marco que aparece na sua vida após essa morte. Todas as esperanças, os sonhos e as expectativas que você tinha para o futuro devem ser retrabalhados, porque a pessoa que você ama não está mais presente em sua vida. É normal ter o sentimento de que está sofrendo várias perdas ao mesmo tempo quando alguém que você ama muito morre.

5 de abril

É fácil cair na espiral de desesperança pensando em um futuro que não pode mais existir. Sempre que uma visão do futuro sem a presença da pessoa que você ama aparecer, respire fundo, feche os olhos e sinta o chão sob os seus pés. Diga para si mesmo ou em voz alta: "É verdade que terei que viver um futuro sem essa pessoa. Mas estou aqui neste momento". Isso ajuda a reconhecer a verdade de que o ente querido não poderá estar no seu futuro e também o deixa ancorado no presente. Faça mais quatro ou cinco respirações adicionais, se achar que é necessário, durante a ancoragem.

Shelby Forsythia

6 de abril

"Aceitar a morte não significa que você não vai ficar arrasado quando alguém que ama morrer. Significa que você vai conseguir se concentrar no seu luto, sem questões existenciais maiores como 'Por que as pessoas morrem?' e 'Por que isso está acontecendo comigo?'. A morte não está acontecendo com você. A morte está acontecendo com todos nós."
— CAITLIN DOUGHTY

Às vezes, a perda de alguém que amamos parece um ataque pessoal, como se Deus, ou o universo, ou outra força maior e mais poderosa do que nós levasse embora a pessoa amada. A morte parece uma destruição, não um processo que é natural da vida. Em toda a realidade, a morte está acontecendo para cada um de nós. Todos nós estamos morrendo. Quando reformulamos a morte como uma inevitabilidade inerente à vida em vez de uma punição ou dor vinda de uma fonte externa, podemos encontrar um pequeno fragmento de aceitação.

7 de abril

Em 2011, a empresa sem fins lucrativos Impermanence fundou os encontros Death Cafe (Café da Morte) como uma forma de as pessoas discutirem a experiência humana da morte. Se os grupos tradicionais de apoio ao luto não são para você ou se gostaria de um apoio adicional para lidar com a morte, considere encontrar um espaço desse tipo perto de você. Nessas reuniões descontraídas, que acontecem de forma presencial e on-line, você provavelmente vai

Sobre viver o luto

encontrar outros enlutados, profissionais que trabalham com tratamento paliativo ou algo semelhante e pessoas que não perderam um ente querido, mas estão interessadas em aprender mais sobre a morte. Frequentar um grupo desse me lembra de que não sou a única pensando no inevitável fim da vida, e que muitos outros têm dúvidas como as minhas. Você pode descobrir que tem uma experiência semelhante.

8 de abril

"O luto não nos atinge em fases e estágios organizados."
— DRª JULIA SAMUEL

Se você espera sofrer de um jeito previsível ou ordenado, esse é o seu incentivo para abandonar essa expectativa. Embora a mídia, conselheiros e alguns entes queridos divulguem o modelo linear dos Cinco Estágios do Luto, de Elisabeth Kübler-Ross, a realidade é que os "estágios" do luto são mais como "baldes". É supernormal oscilar entre negação, raiva, barganha, depressão e aceitação — e também sentir emoções que não se encaixam em nenhum desses cinco "baldes".

9 de abril

Muitas pessoas enlutadas imaginam o processo do luto como uma viagem oceânica sem fim. Alguns dias são tempestuosos e arrasadores, com grandes ondas que se chocam contra o barquinho e o deixam com as tábuas quebradas e com hematomas nas pessoas que estão nele. Outros dias são ensolarados e tranquilos, com pouco movimento. Considere manter um "diário do capitão" do luto em um caderno ou no celular. Uma ou duas vezes por dia, defina um alarme para verificar como está o sentimento do seu luto e classifique a gravidade de um a dez, em que um é "Navegando suavemente" e dez é "A água está entrando". Lembre-se de que o objetivo desse exercício não é ver uma melhora nos números, mas, sim, ser capaz de reconhecer que sua dor é diferente a cada dia que passa.

10 de abril

"O luto profundo, às vezes, é quase como um local específico, uma coordenada em um mapa do tempo. Quando você está na floresta da tristeza, não consegue imaginar que vai encontrar o caminho para um lugar melhor. Mas, se alguém puder afirmar que esteve no mesmo lugar e agora seguiu em frente, pode ser que isso lhe traga esperança."
— ELIZABETH GILBERT

É tentador saltar a mente para o futuro e tentar imaginar como será o resto da vida depois da perda de alguém que você ama. Outras pessoas conseguiram sair vivas desse processo de luto; então por que você não sairia? E exatamente como você vai conseguir sair dessa situação? Respire fundo e saiba que não há nenhum problema em não ter todas as respostas neste exato momento. Você nem mesmo precisa saber como isso vai acontecer; você só precisa saber que um dia você vai estar em algum lugar melhor do que a floresta da tristeza.

Sobre viver o luto

11 de abril

Consolo e uma espécie de companheirismo podem ser encontrados nas histórias de quem já se foi. Procure na biblioteca local livros sobre luto e perda, especialmente biografias de pessoas que você respeita e admira. (Tem uma celebridade favorita? Essa pessoa provavelmente publicou um livro de memórias ou uma biografia, e esse livro de memórias quase sempre contém uma ou duas histórias de perdas.) Se seu luto não permite que você se concentre em um livro no momento, explore podcasts, vídeos do YouTube e documentários sobre perdas. Cada vez que ler ou ouvir a história de alguém sobre a recuperação de uma perda, diga a si mesmo: "Um dia, serei eu" ou "Em algum momento, vou chegar lá". Console-se em saber que cada contador de histórias já esteve no seu lugar.

12 de abril

"Na nossa cultura, acho que a maioria das pessoas pensa no luto como tristeza, e ela certamente é uma parte, uma grande parte, mas também há uns espinhos, umas pontas que se destacam."
— ANTHONY RAPP

O luto nunca é só tristeza. Fúria, raiva, decepção e irritação são partes normais do luto, que podem se manifestar com a mesma intensidade que a tristeza e o desespero. É normal se sentir roubado pela perda ou como se alguma coisa tivesse sido tirada de você. Também é normal ficar frustrado com parentes e amigos que não entendem. Além disso, você pode ficar com raiva de Deus, do mundo ou até de si mesmo. Permita-se ficar zangado com as circunstâncias da perda e com o fato de ela ter acontecido. Você tem o direito de ter esses sentimentos e de expressá-los. Saiba que a raiva, não importa que pareça maluca ou irracional para o cérebro, faz todo sentido para o coração enlutado.

13 de abril

Uma vez, ouvi que "a raiva é uma resposta natural do ser humano para a injustiça", e essa citação foi fundamental para me ajudar a expressar a raiva que estava dentro de mim. Depois que parei de ver esse sentimento como uma emoção maluca e inadequada que me rotulava como "má" e o vi só como outra forma de expressar a injustiça da morte da minha mãe, eu me permiti vivê-lo. Se você conseguir fazer isso, encontre um jeito físico de expressar a raiva com segurança. Gosto de colocar música alta para tocar e gritar. Outros quebram pratos de uma loja de artigos usados, socam um saco de pancadas ou um travesseiro. E tem gente que dança. A morte não é uma coisa justa, e é catártico expressar a raiva pela injustiça da morte de uma forma que não prejudique a nós mesmos nem aos outros. Deixe-a sair!

14 de abril

"Não existe uma cura mágica, não há como fazer com que tudo desapareça para sempre. Existem apenas pequenos passos para cima; um dia mais fácil, uma risada inesperada."
— LAURIE HALSE ANDERSON

Sobre viver o luto

Existem pequenos momentos de benevolência na vida após a perda. Aceite-os quando vierem e reconheça que receber essa benevolência faz parte da vida após perder alguém que se ama. Ao contrário do que você possa acreditar, esses pequenos momentos de benevolência não são uma traição à memória do ente querido nem um sinal de que as coisas estão prestes a piorar de novo. Você tem permissão para aproveitar a luz do sol de vez em quando; isso não significa que você se esqueceu da chuva. Essas pequenas lufadas de ar — ver uma coisa bonita, curtir uma gargalhada por causa de uma piada ou sentir de verdade o sol bater no seu rosto — são lembretes de que, embora o luto seja para sempre, ele não é tudo o que existe. Também há espaço na sua vida para o calor e o conforto.

15 de abril

Você está disposto a ter um senso de humor sobre o luto e sente que é capaz de fazer isso? Existem muitas saídas hilárias para o luto. Se você olhar bem, pode encontrar cartões de felicitações, camisetas, livros e broches que celebram e zombam dos aspectos constrangedores, dolorosos e mórbidos do sentimento de perda. Alguns dos meus preferidos são a série *Empathy Cards* (Cartas de empatia), de Emily McDowell; o projeto *You Might Die Tomorrow* (Você pode morrer amanhã), de Kate Manser; e a linha de roupas e mercadorias *Grieve Me Alone* (Me deixa em luto), de Chantal King. Se você não encontrar um produto sobre o luto que fale com você, é mais fácil fazer o seu. Uma frase do tipo: "Estou de luto" escrita em uma caneca de café personalizada e desenhada por você pode ser uma ótima opção.

Shelby Forsythia

16 de abril

"A linguagem nos permite encurralar as experiências em forma de história."
— MARK WOLYNN

Encontrar as palavras certas para descrever nossa experiência de luto é como um suspiro de alívio de todo o corpo. Quando conseguimos descrever aquilo pelo o que passamos, é possível começar a dar sentido ao que aconteceu. Podemos contar a história da nossa perda para nós mesmos e para outras pessoas. Podemos não conseguir encaixar o luto com perfeição na velha história da nossa vida, mas podemos usar a linguagem para expandi-la e integrá-la à vida após a perda.

17 de abril

A escrita livre pode parecer assustadora à primeira vista. Encarar uma página em branco não é uma tarefa fácil depois de uma grande perda. Se você não souber por onde começar a escrever sobre o luto, tente resumir a experiência em um haicai, que é uma poesia japonesa curta de caráter lírico. A primeira linha da poesia contém cinco sílabas, a segunda contém sete sílabas e a última linha contém cinco sílabas. Normalmente, os haicais falam sobre a natureza, mas, no caso do luto, não existem regras. Faça um haicai sobre seu ente querido, seu coração dolorido ou sua relação com a perda dessa pessoa. Escrever um haicai é uma ótima maneira de se desvencilhar ou dar a si mesmo um novo jeito de escrever sobre a perda.

Sobre viver o luto

18 de abril

"O corpo se lembra daquilo que a mente esquece."
— JACOB LEVY MORENO

Você sente que fica tenso ou nervoso quando surge um grande marco de luto? Sente dores no peito todo mês no dia em que a pessoa querida morreu? Percebe que tem mais dores de cabeça, dores nas costas ou dores no corpo em geral? Você não está sozinho nessa. Muitas pessoas que perderam alguém querido relatam "sentir a dor do luto" no corpo. Alguns apresentam os mesmos sintomas que o ente querido tinha antes de morrer. Outros sentem dores que são impossíveis de explicar e que vêm e vão. É normal guardar a tristeza no corpo depois que alguém que você ama muito morre.

19 de abril

Considere consultar um médico, quiroprata, nutricionista, acupunturista, praticante de Reiki ou massagista sobre as várias dores que o luto causa em seu corpo. Quando marcar uma consulta, diga que sofreu uma perda há pouco tempo e que não está se sentindo bem. Se eles ignorarem sua dor ou fizerem você se sentir louco, não marque a consulta e continue procurando outro profissional que entenda você. Se eles levarem sua dor de luto a sério, faça uma lista completa dos sintomas que você tem para discutir durante a consulta. Esteja aberto às sugestões de bem-estar e saiba que você não é o único que sente dores físicas após a morte de alguém que você ama.

Shelby Forsythia

20 de abril

"Pare de se punir por ser alguém que tem um coração. Você não pode se proteger do sofrimento. Viver é sofrer. Você não está se protegendo ao se fechar para o mundo. Você está se limitando."

— LEIGH BARDUGO

A sociedade nos ensina que não é bom ser nenhum dos três: louco, triste ou malvado. Quando expressamos emoções negativas, deve haver algo errado conosco e precisamos ser corrigidos ou silenciados na mesma hora. Podemos até virar esse julgamento contra nós mesmos e nos odiar por sentir, embora nossas emoções sejam perfeitamente compreensíveis. Expressar emoções negativas não o torna uma pessoa má; o torna humano. Seja benevolente consigo e saiba que você tem permissão para ser um humano que tem um coração.

21 de abril

Pratique dar a si mesmo permissão para sentir todo o espectro das emoções humanas, incluindo se sentir louco, triste e malvado. Quando amigos e parentes dizem: "É só ser forte", "Seu ente querido não ia gostar que você se sentisse mal" ou "Pronto, pronto. Não chore", responda com alguma coisa assim: "Sei que você só está tentando me ajudar e não quer me ver sofrendo, mas (insira o nome do ente querido) está morto e, de vez em quando, isso ainda é muito difícil para mim". Você também pode virar o jogo para si mesmo e dizer alguma coisa como "Sei que não é bom sentir as emoções do luto, mas sei que tenho permissão para senti-las. Meu (inserir relacionamento) acabou para sempre, e eu tenho permissão para me sentir mal por isso". Veja se isso lhe dá um pouco mais de espaço para respirar quando for tentado a desligar seus sentimentos.

22 de abril

"Aqueles que contemplam a beleza da Terra encontram reservas de força que vão perdurar enquanto durar a vida. Há algo infinitamente curativo nos repetidos refrões da natureza — a certeza de que o amanhecer vem após a noite, e a primavera após o inverno."
— RACHEL CARSON

Você pode não acreditar neste momento, mas seu retorno é inevitável. O luto não é uma queda linear para a escuridão. É um caminho cíclico que em algum momento gira para a luz. A primavera chega depois do inverno frio e rigoroso. Sim, há períodos em que o luto é maior e mais perturbador, mas também há períodos em que o luto diminui, sua força retorna e a noite se transforma em manhã.

23 de abril

Faça uma matrícula em uma aula ou atividade na qual tem pensado. Se não tiver uma aula ou atividade passando pela sua cabeça, peça uma recomendação para algum parente ou até mesmo para algum amigo. Em seguida, apareça para fazer a aula ou atividade. Você não precisa ficar até o fim, mas permaneça no ambiente pelo menos durante os primeiros cinco minutos. Se puder, tente conhecer alguém que também esteja lá. Correr pequenos riscos como esse é um ótimo jeito de provar a si mesmo que nem todas as novas experiências da vida são ruins e que você é capaz de construir uma vida repleta de práticas diferentes das que está vivendo agora.

24 de abril

"Você vai perder uma pessoa sem a qual não consegue viver, seu coração vai ficar muito destruído e a má notícia é que você nunca supera completamente a perda do ente querido. Mas essa também é a boa notícia. As pessoas vivem para sempre no seu coração partido que não volta a se fechar. E você supera. É como ter uma perna quebrada que nunca cura com perfeição — que ainda dói quando o tempo esfria, mas você aprende a dançar mancando."

— ANNE LAMOTT

A cura de quem está passando pelo processo de luto é muito semelhante à cura de quem está com uma perna quebrada. Você nunca volta a ser exatamente o mesmo de antes, e sua vida posterior precisa ser ajustada para acomodar a claudicação. A vida após a perda não é impossível de viver, mas suas atividades e sua mentalidade devem mudar para dar conta da nova presença do luto. Com o tempo, o foco e a prática do autoperdão, você pode aprender a dançar mancando.

25 de abril

Se você estiver nervoso por participar de uma atividade após a perda, pode ser útil avisar a si mesmo e às pessoas ao redor. Dizer ao seu instrutor de ioga "Meu pai faleceu há quatro semanas" pode auxiliá-lo a conhecer suas capacidades e habilidades e ajudar a tirar de você um pouco da pressão pela encenação do "Estou bem". Dar esse aviso também é um teste maravilhoso para saber se os espaços o acolhem como uma pessoa enlutada. Se seu aviso não for reconhecido ou se eles quiserem que coloque o luto de lado para participar, você pode adiar essa atividade ou procurar uma nova que honre o seu luto.

26 de abril

"Nada que nos aflija pode ser chamado de pequeno: pelas leis eternas da proporção, uma criança perder uma boneca e um rei perder a coroa são eventos do mesmo porte."
— MARK TWAIN

Não há como alinhar duas perdas lado a lado e dizer que uma é maior ou menor do que a outra. Cada pessoa sente sua perda com cem por cento da sua capacidade dentro do contexto da própria vida. As circunstâncias ao redor (idade, etnia, renda, sexualidade, localização geográfica, causa da morte e relação com a pessoa que morreu) estão entrelaçadas na sua história de perda, mas não podem determinar o nível de dor que uma pessoa sente quando alguém que amamos morre. Evite o máximo possível comparar perdas e circunstâncias de vida. Pode parecer que alguém encare de maneira mais fácil do que você, mas no mundo do luto não há medição.

Shelby Forsythia

27 de abril

Contar histórias é uma prática antiga usada para transmitir sabedoria de uma geração para outra. Qual é a história sobre seu ente querido que você deseja que as pessoas conheçam? Escreva e envie por correio a um amigo ou parente, ou compartilhe com eles pessoalmente. Se não souber por onde começar, conte alguma coisa que a pessoa querida lhe ensinou, compartilhe um momento único que vocês viveram e que você nunca vai esquecer ou destaque um dia importante na sua vida em detalhes (um casamento, um feriado, uma formatura e assim por diante). Se você se sentir à vontade de tornar a história que quer recordar pública, considere compartilhá-la nas redes sociais e convide parentes e amigos a dividir as histórias deles sobre a pessoa querida que faleceu.

28 de abril

"Você começa com uma escuridão para atravessar, mas, às vezes, a escuridão atravessa você."
— DEAN YOUNG

No início, o luto parece um obstáculo que deve ser conquistado e superado, como se fosse a maior e mais assustadora montanha do mundo e você não tivesse nenhum outro caminho para seguir que não envolva escalá-la. Mas, às vezes, na vida após a perda de alguém que amamos, a maior e mais assustadora montanha do mundo não precisa necessariamente ser escalada; tem momentos em que o luto só precisa passar através de nós. Quando sentimos o luto no corpo e no coração, não precisamos nos esforçar muito para escalar

Sobre viver o luto

a montanha; o luto está se movendo por conta própria. Às vezes, é bom diminuir a força gigantesca que estamos canalizando para o luto e permitir que ele faça um pouco de seu próprio movimento.

29 de abril

Durante milênios, as pessoas usaram a dança e o movimento para sacudir a energia do luto. Elas usam o corpo para contar a história do que aconteceu, como se sentem em relação à perda e como é a experiência de perder alguém. Mesmo que você não seja dançarino, considere dançar como uma válvula de escape. Quer você feche as cortinas e dance sozinho no quarto ou participe de uma aula de movimento estruturado com outras pessoas, liberar o luto por meio do corpo ajuda a desbloquear e movimentar emoções para as quais você pode não ter palavras. Quando estiver se sentindo preso ou paralisado, coloque uma música de que goste e dance!

30 de abril

"Quando o luto é mais profundo, as palavras são mais escassas."
— ANN VOSKAMP

Podemos falar sobre o luto até ficarmos roxos, mas quando realmente acontece, é uma experiência emocional. Às vezes, não há palavras para descrever a dor aguda da perda, a pontada específica que você está sentindo. Se estiver lutando para encontrar palavras para descrever seus sentimentos, tudo bem. É normal sentir primeiro e encontrar o vocabulário para traduzir a angústia que o aflige depois. Permita que seus sentimentos existam sem a necessidade de classificá-los, defini-los ou verbalizá-los.

1º de maio

O inglês nem sempre é o melhor idioma para expressar o luto. Outros idiomas têm palavras bonitas e inteligentes para expressar o que parece inexprimível na perda. Tente fazer uma pesquisa no Google por "palavras que significam luto em outros idiomas". Você pode se surpreender com o que vai encontrar. Algumas das minhas preferidas são *yūgen* (japonês), "um profundo senso da beleza do universo e da triste beleza do sofrimento humano"; *saudade* (português), anseio agridoce ou nostalgia por uma pessoa, lugar ou objeto que está longe de você; e *Kummerspeck* (alemão), literalmente, "bacon do luto", ou a comida que vem depois de um golpe emocional ou sensação de imensa tristeza. Quem sabe? Você pode encontrar exatamente a palavra que está procurando para traduzir seu sentimento.

2 de maio

"Não peço um fardo mais leve, mas ombros mais largos."
— PROVÉRBIO JUDAICO

Por mais que queiramos viver em um mundo sem perdas, simplesmente isso não é possível. Não podemos aliviar o peso do luto removendo a perda; em vez disso, praticamos maneiras de fazer

Sobre viver o luto

o fardo parecer menos pesado. Processamos o luto em partes, compartilhamos com amigos e parentes e, sim, exercitamos nossos músculos do luto para que ele se torne um fardo mais fácil de carregar. Fazemos o que é humanamente viável para conseguir conviver com a perda.

3 de maio

Às vezes, reconhecer a inevitabilidade de que o luto sempre vai existir pode torná-lo mais fácil de suportar. Como o luto nunca poderá ir embora, você pode parar de brigar com ele. Finja que ele é um colega de quarto e escreva uma carta. Por exemplo, "Caro Luto, aprendi que sua estadia aqui é eterna e, para dizer a verdade, não estou feliz com isso. A vida era muito mais simples antes de você aparecer. Mas sei que não posso expulsá-lo, então vamos descobrir um jeito de fazer isso dar certo. Arrumei um quarto para você no meu coração. Tenho certeza de que o Amor e a Compaixão serão ótimos companheiros. Não vai ser fácil, mas vamos manter contato. Você não consegue ficar quieto por muito tempo". Tratar o luto como um colega de quarto intrusivo em vez de uma punição implacável pode ajudá-lo a fazer a transição da briga contra o luto para a integração dele à sua vida.

4 de maio

"Novos começos costumam vir disfarçados de finais dolorosos."
— LAO TZU

Shelby Forsythia

A morte é um fim, mas não é o fim. O dia em que o ente querido morreu marca o início de uma nova vida para você, uma vida em que a pessoa não está mais presente no mundo físico. É um final terrivelmente doloroso e, ao mesmo tempo, marca um novo começo na sua vida. A morte do ente querido não é o fim da sua história como um todo, mas o fim de um capítulo muito bonito e importante da sua vida com ele. Sua tarefa nesse novo começo é lamentar o fim doloroso — e aprender a navegar pela vida após a perda.

5 de maio

Embora raramente seja anunciado dessa forma, o luto é considerado um evento de saúde mental. Perder alguém que você ama afeta o funcionamento do seu cérebro. Se você tem problemas de saúde mental pré-existentes, a perda de um ente querido pode aumentar ou alterar a forma como essa condição se expressa. Se não tem problemas pré-existentes, a morte pode desbloquear certas condições como ansiedade e depressão. Elas podem não ser permanentes, mas conseguem afetar a vida cotidiana. Experimentar mudanças nos pensamentos, no humor e nos comportamentos é uma resposta completamente normal e natural ao luto. Um terapeuta do luto pode ajudá-lo a entender como seu cérebro se transformou e, se necessário, fornecer um diagnóstico formal ou um medicamento que seja útil para o seu caso. Muitos profissionais conseguem atender pacientes de forma remota e alguns profissionais até oferecem parcelamento pelos serviços. Ao procurar um terapeuta, pergunte se ele tem experiência em lidar com o luto.

Sobre viver o luto

6 de maio

"O perdão significa desistir de toda esperança por um passado melhor."
— LILY TOMLIN

Quase todo mundo morre no meio de uma conversa. Existem coisas não ditas, ações não realizadas e cercas não consertadas. Quer você precise perdoar o ente querido ou a si mesmo, saiba que perdoar não significa estar bem com a maneira como as coisas aconteceram. Só significa que você deve parar de se criticar por não ser capaz de fazer as coisas de forma diferente. No perdão, você se permite (ou a outra pessoa) ser humano.

7 de maio

Muitos dos meus clientes têm mais facilidade em perdoar os outros do que a si mesmos. Se você estiver lutando para se perdoar por alguma coisa (seja algo que você fez ou disse ou algo que gostaria de ter feito ou dito), tente o seguinte: sente-se em um lugar tranquilo, coloque a mão sobre o coração e diga: "Eu te perdoo por (inserir ação)". Em seguida, inspire e expire três vezes, deixando um espaço na mente para sua humanidade e seu amor-próprio. Se isso for muito exagerado para você, olhe-se no espelho e ofereça perdão a si mesmo como se o estivesse oferecendo a outra pessoa, ou encontre uma foto sua quando criança ou bebê para perdoar. Saiba que o perdão não é um acontecimento único. É uma prática contínua. Você pode ter que se perdoar doze, vinte ou duzentas vezes por uma coisa que não disse ou não fez. Tudo bem. Basta respirar fundo e dizer: "Eu te perdoo por (inserir ação)". Em seguida, inspire e expire três vezes.

8 de maio

"O luto é um mundo onde você anda sem pele, sem casca."
— ARIEL LEVY

Certa vez, alguém descreveu o luto como a sensação de ter a pele virada do avesso, como se todas as terminações nervosas estivessem repentina e impiedosamente expostas ao mundo. Tudo parece mais extremo e mais terrível com o luto, como se não houvesse um jeito de impedir o surgimento de explosões de dor. Se essa é a sua experiência, saiba que você não está sozinho. Muitos enlutados sabem o que é viver machucado, como se cada som, cheiro, toque, sabor e visão fossem um ataque violento ao seu corpo.

9 de maio

É tentador querer entorpecer o mundo depois de uma perda. Viver em um lugar sem seu ente querido é tão doloroso que qualquer coisa que prometa um alívio da agonia se torna uma opção. Em vez de buscar drogas ou álcool, considere se envolver com uma experiência sensorial tranquilizadora. Acalme seus nervos com um banho quente, uma refeição preparada e servida com calma ou uma caminhada tranquila. Veja se consegue identificar as coisas que mais estressam você — são as pessoas? Ruídos altos? O ciclo interminável de notícias? — e encontre pequenas maneiras de

Sobre viver o luto

escapar delas por um tempo. Criar esses bolsões de calma afastados do mundo cruel pode ajudá-lo a se sentir menos estressado e a ter algum controle sobre a experiência do luto.

10 de maio

"O luto é, ao mesmo tempo, uma experiência pública e privada. A ruptura interior inexprimível de uma pessoa não pode ser totalmente refletida na sua persona pública."
— MEGHAN O'ROURKE

Uma das maiores tragédias do luto é o fato de seus efeitos serem amplamente invisíveis. Por mais que tentemos, não podemos fazer as pessoas ao nosso redor verem ou compreenderem aquilo pelo o que estamos passando. Os enlutados costumam se descrever como "vivendo em dois mundos diferentes" ou "tendo dois eus diferentes". Existe a persona que representamos no mundo e a que somos por trás de portas fechadas com segurança. Faz sentido que não possamos estar totalmente enlutados em público, mas também é triste que algumas das pessoas mais próximas não tenham ideia do que realmente estamos passando.

11 de maio

Faça uma lista de três a sete pessoas que podem ser zonas seguras para você. Devem ser amigos ou parentes com quem possa desabafar sem julgamento e sem conselhos não solicitados. Muitas vezes, essas pessoas estão dois ou três passos distantes de quem morreu ou nem conheciam essa pessoa, como um terapeuta ou um colega de trabalho de confiança. (Um enlutado nem sempre pode consolar outro enlutado, infelizmente.) Avise a quem você escolheu que os considera uma zona segura nesse momento difícil e pergunte se estariam dispostos a receber mensagens de texto, ligações, chats de vídeo ou e-mails nos dias mais difíceis. Ter uma equipe de zona humana segura sem julgamentos é crucial para você se sentir apoiado e visto após a perda.

12 de maio

"Aprendi que ainda tenho muito a aprender."
— MAYA ANGELOU

Nada nos torna mais humildes do que o luto. Ainda não conheci uma pessoa enlutada que também saiba tudo sobre o luto. Ele nos coloca de volta à estaca zero, de volta ao ensino fundamental, e somos praticamente forçados a assumir a mente de um iniciante e trabalhar a perda desde o início. Lembre-se de que não se espera que você saiba como vivenciar o luto antes que ele se apodere da sua vida. Você vai fazendo enquanto está fazendo, e é exatamente assim que deve ser. Você ainda tem muito a aprender, mas o mesmo acontece com todas as outras pessoas que estão de luto.

13 de maio

Lembre-se todo dia que você está praticando o luto. Você está aprendendo o que significa ser uma pessoa enlutada — e, por esse motivo, merece piedade e muitas segundas chances. Reformular o luto como um processo de construção de habilidades para toda a vida, e não uma montanha para escalar uma única vez, faz maravilhas para um coração enlutado, ainda mais se você, como eu, tem a tendência de se esforçar até a perfeição. Quando sentir que estragou tudo ou fez uma bagunça no que diz respeito ao luto, diga (em voz alta ou na sua cabeça): "Estou apenas praticando" ou "Esta é a primeira vez que estou de luto". Veja se isso o ajuda a se dar espaço e tempo para aprender.

14 de maio

"Muitas vezes, acalma-se o luto recontando-o."
— PIERRE CORNEILLE

Você pode pensar que reviver sua história de luto só serve para trazer à tona o passado ou ficar preso ao negativo. Na verdade, é o contrário. Pesquisas mostram que recontar o que aconteceu pode nos ajudar a dar sentido à morte do ente querido, lidar com o buraco que a perda deixou e localizar outras pessoas que entendem como é o luto.

15 de maio

Pesquise em sites, grupos do Facebook ou em funerárias, instituições religiosas ou organizações de asilos locais para encontrar comunidades de pessoas com quem você pode compartilhar sua história. Muitos grupos são para perdas específicas — é possível

Shelby Forsythia

encontrar grupos para a perda de um filho, a perda de um cônjuge, a perda por suicídio, a perda de um irmão e assim por diante. Se existe uma perda, existe um grupo on-line ou presencial para ela em algum lugar. Nesses espaços comunitários, você pode praticar o compartilhamento da sua história, ouvir e guardar espaço para as histórias de perda de outras pessoas. Juntos, vocês podem ajudar uns aos outros a descobrir significados, encontrar novas maneiras de lidar com a situação ou expressar sentimentos que talvez não fosse capaz de identificar sozinho. Sinta-se à vontade para experimentar primeiro, entrando em um grupo presencial ou on-line como observador. Se gostar das conversas que ouvir, entre em uma já existente. Quando se sentir pronto, comece sua própria conversa. Existe espaço para você e para sua perda.

16 de maio

"Empatia é diferente de simpatia. Simpatia é ficar do lado de fora de uma situação e olhar para dentro (por exemplo, 'Lamento que você esteja triste'). Empatia é entrar na situação com a outra pessoa e sentir a emoção com ela (por exemplo: 'Poxa, isso é muito triste')."
— MICHAEL S. SORENSEN

Existe uma grande diferença entre simpatia e empatia. Simpatia é ficar no alto de um poço gritando: "Sinto muito por você ter caído". Empatia é descer pelo poço, se sentar ao lado da pessoa no fundo e dizer: "Caramba, como é escuro e úmido aqui. Estou vendo como isso é desagradável para você". Talvez seja por isso que tantos enlutados odeiam a frase: "Sinto muito pela sua perda". Parece que

Sobre viver o luto

ela vem de fora da situação, e vem mesmo. Em vez disso, fique de olho nas pessoas na sua vida que reconhecem a dor e a tristeza da sua perda. São elas que vão se sentar ao seu lado durante o luto.

17 de maio

Se estiver conversando com uma pessoa que está tentando consertá-lo ou salvá-lo no luto, você tem todo o direito de pedir empatia. Se ela disser alguma coisa do tipo "Você já tentou massagem?" ou "Quando você vai começar a namorar de novo?", respire fundo e responda mais ou menos assim: "Eu sei que você está tentando ajudar, porque vê que estou sofrendo, mas seria muito útil se, primeiro, você pudesse reconhecer que estou sofrendo". Se essa pessoa for realmente uma boa amiga e um apoio, ela vai estar disposta a mudar de atitude. Se ela não estiver disposta a fazer uma pausa e reconhecer sua dor, se distancie dessa pessoa e procure outras que sejam mais empáticas com você durante esta fase.

18 de maio

"Os enlutados não conseguem se comunicar com os não enlutados."
— IRIS MURDOCH

Quando perdemos alguém que amamos, entramos em uma experiência humana que alguns dos amigos mais próximos e parentes não conseguem entender. Estamos no Planeta Luto, falando a linguagem do luto, e eles estão no Planeta Terra, falando o idioma

Shelby Forsythia

que você falava antes da sua perda. Às vezes, fazer com que as pessoas ao redor entendam o que é viver o luto é como fazer com que uma pessoa que fala outro idioma entenda o que você diz. Pode ser frustrante e isolante. Mas existe esperança na forma de outros enlutados. É reconfortante e relaxante estar na presença de outra pessoa que simplesmente entende. Não há explicação, nem confusão, nem tentativa de descobrir a maneira certa de dizer isso. Existe uma compreensão imediata.

19 de maio

Uma forma de homenagear o ente querido é fazer um apanhado de histórias e fotos. Alguns meses antes de uma data especial (como o aniversário da pessoa que morreu), peça à família e aos amigos para enviarem fotos e lembranças para você. Estabeleça parâmetros à narrativa (linguagem simples, duas mil palavras ou menos, manuscrita ou por e-mail e assim por diante) e uma data limite para receber os envios. Na data especial, faça um vídeo ou uma gravação de áudio relembrando os momentos e envie uma cópia para todos que participaram. Pense em enviar o álbum de recordações para um programa de armazenamento digital de arquivos, como Dropbox ou iCloud, para que outras pessoas que conheceram seu ente querido possam acessar o arquivo para sempre.

20 de maio

"O luto, como li em algum lugar, é uma roleta. Um dia nos deixa pesados e afundamos, no dia seguinte, gira e para em

Sobre viver o luto

um ponto barulhento e dolorido, no outro, para em um ponto com lamentos sofridos, e, no quarto dia, para no ponto do entorpecimento e do silêncio."

— ANNE LAMOTT

O luto é imprevisível, e é exatamente assim que deve ser. Se você se sente preso em uma montanha-russa ou em uma tempestade impossível de navegar, saiba que não está sozinho. Costumo pensar no luto como uma máquina caça-níqueis. Todo dia quando acordo, os mostradores giram, as combinações de emoções e experiências giram e giram, e as rodas param em qualquer combinação estranha que estou prestes a sentir naquele dia. Não há dois dias de luto iguais... E isso é normal.

21 de maio

Além de compartilhar sua história em um grupo, ouvir as histórias dos outros pode ajudá-lo a se sentir menos louco. Saber que existem pessoas por aí que estão em suas próprias montanhas-russas do luto pode ser reconfortante e tranquilizador. Use um aplicativo como Apple Podcasts, Spotify ou Google Podcasts para encontrar podcasts (programas de rádio gratuitos sob demanda) sobre luto e perda. Você pode começar com o meu, que se chama *Coming Back: Conversations on Life After Loss* (Voltando: conversas sobre a vida após a perda). Existem milhares, ou centenas de milhares, de episódios de podcasts sobre como continuar a viver após a morte de um ente querido, e ouvir pessoas contando suas histórias em suas próprias palavras pode lhe dar uma sensação de "eu também" diferente de qualquer outra coisa.

22 de maio

"Independentemente da fonte da raiva, alguma coisa tem que acontecer para reconhecê-la, abençoá-la, contê-la e liberá-la."
— CLARISSA PINKOLA ESTÉS

Não conseguimos abandonar o luto até que sejamos capazes vê-lo, honrá-lo e defini-lo — e só Deus sabe que isso não acontece de uma vez. A vida após a perda é um processo contínuo de analisar o luto, dando-lhe espaço para surgir e influenciar você, a fim de descobrir onde colocá-lo dentro do contexto da sua história de vida. Só então você pode começar a abandoná-lo. Não digo isso para desencorajá-lo, mas para lhe dar permissão; você não tem que "viver o luto" todo de uma vez. Na verdade, isso nem é possível, e não tem o menor problema.

23 de maio

Crie um altar para o luto na sua casa. Seja você religioso ou não, um altar é uma bela maneira de dar espaço físico ao luto e ao ente querido no dia a dia. Já vi todo tipo de altar, desde o mais tradicional com foto e vela sobre a cômoda até um cômodo inteiro dedicado a homenagear um ente querido. Não importa a forma do seu altar, ele deve lembrá-lo do seu relacionamento e do seu amor pelo ente querido toda vez que você se aproximar. Toda vez ao passar por esse altar sagrado ou entrar nele, lembre-se de que parte do luto é abrir espaço para que ele apareça. Permitir o espaço do luto no mundo físico ajuda a processá-lo no mundo mental, emocional e espiritual.

24 de maio

"Render-se não tem a ver com o que você faz, mas com quem você é enquanto faz."
— JEN SINCERO

Que tipo de enlutado você quer ser? Viver a vida após a perda não se trata tanto das ações que realiza para se render ao processo de luto, mas sim sobre a pessoa que você é enquanto está se rendendo. Vale a pena se perguntar: "Se isso pudesse acontecer exatamente do jeito que queria, quem eu seria? Como me comportaria? O que eu acreditaria ser verdade sobre mim, sobre meu ente querido e sobre outras pessoas?".

25 de maio

Uma das minhas formas preferidas de autocuidado no luto é a validação emocional. Se você nunca ouviu falar de validação emocional, tudo bem. Basicamente, é se enxergar da maneira como um desconhecido misericordioso o veria e dizer: "Estou vendo você. Entendo por que se sente assim. Estou escutando". Na minha opinião, a melhor frase que podemos dizer a nós mesmos quando estamos de luto é: "Eu acredito em você". Passamos tanto tempo tentando provar nosso luto para os outros ou mostrar a dor no nosso coração que simplesmente reconhecê-lo com as palavras "Eu acredito em você" pode parecer um enorme suspiro de alívio. Por exemplo, se você disser "Estou exausto", responda "Eu acredito em você". Se você disser: "Estou com tanta raiva, porque ele não vai estar aqui para me ajudar a criar os filhos. Eu me sinto

Shelby Forsythia

tão enganado", responda: "Eu acredito em você". Se você disser: "Gostaria que a última coisa que disse a ela fosse mais profunda", responda: "Acredito em você". Validar seus sentimentos dessa forma pode lembrar que, embora tenha que fazer com que os outros aceitem sua experiência de luto, você sempre escuta a si mesmo.

26 de maio

"Você não pode controlar o que surge, só o modo como reage."
— DAN HARRIS

A morte de um ente querido é um lembrete gritante de que não estamos no controle de tudo. Existem algumas coisas na vida que escapam à nossa jurisdição, e a morte é uma delas. Não podemos controlar o fato de que perdemos alguém que amamos; o que podemos controlar é como reagimos a ele.

27 de maio

Gatilhos são um grande ponto de dor após a perda. Geralmente formados no inconsciente, esses estímulos neutros (visões, sons, cheiros, sabores e sensações) podem fazê-lo se virar para lugares emocionais que você prefere não habitar. Na pior das hipóteses, os gatilhos se manifestam como síndrome de estresse pós-traumático e podem atrapalhar sua vida cotidiana. (Se você acredita que seus gatilhos afetaram sua capacidade de trabalhar, dormir ou se conectar com outras pessoas, procure um terapeuta especializado

Sobre viver o luto

em síndrome de estresse pós-traumático.) Se estiver procurando um jeito de desconectar os gatilhos de seus estímulos neutros, tente o seguinte: na próxima vez que você se deparar com um gatilho, faça uma coisa totalmente excêntrica. Por exemplo, costumava me desligar e chorar quando via as saídas para o Duke University Hospital na estrada interestadual. (Minha mãe foi tratada lá, e minha família e eu passamos a maior parte de quatro anos lá.) Um querido amigo e mentor sugeriu que eu começasse a cantar toda vez que passasse por aquelas placas. A primeira vez que tentei, me senti ridícula. Mas não me desliguei nem chorei, e isso foi incrível. Eu achava que ficaria presa no padrão de gatilho/reação durante anos. Agora, sete anos depois, nem sempre começo a cantar quando vejo as placas do Duke University Hospital, mas com certeza estou cantando na minha cabeça.

28 de maio

"Comece fazendo o que é necessário; depois faça o que é possível; e, de repente, você estará fazendo o impossível."
— SÃO FRANCISCO DE ASSIS

É difícil seguir com a vida após a perda, porque não esquecemos como era a vida antes dela. Lembramos-nos do que éramos capazes, lembramos-nos do que costumávamos fazer, lembramos-nos até de quanta energia tínhamos. E é fácil nos envergonharmos de não fazer o suficiente quando não podemos ser as pessoas que costumávamos ser. Respire fundo e se lembre de que você acabou de passar por uma das experiências mais difíceis e arrasadoras da vida: a morte de um ente querido. Você não pode ser quem era,

Shelby Forsythia

pelo menos não de imediato. Comece pela sobrevivência, depois mude seu foco para prosperar.

29 de maio

Coma alimentos que ajudem no luto. Depois que a sucessão de bolos, caçarolas e frutas esculpidas sair da sua casa, faça um estoque de alimentos nutritivos não perecíveis, como sopas, vegetais congelados, feijão, arroz e aveia. Ter alimentos saudáveis e fáceis de preparar é o segredo para alimentar o corpo após a perda. Se você estiver sentindo ansiedade ou tendo pensamentos confusos após a morte de alguém especial, considere cortar o consumo de cafeína, açúcar e álcool por um tempo, principalmente antes de dormir. Isso não quer dizer que você não possa ter guloseimas em casa — minha preferida é cereal matinal coberto de açúcar —, mas saiba que quando seu corpo está nutrido, sua cabeça, seu coração e seu espírito também estão.

30 de maio

"O luto se divide em duas partes. A primeira é a perda. A segunda é refazer a vida."
— ANNE ROIPHE

Embora o luto não possa ser dividido com perfeição, percebi que as pessoas enlutadas costumam descrever dois tipos de luto: o luto pelo ente querido e o luto pela vida antes da perda. É normal sentir que você está realizando mais de um funeral, ainda mais se

Sobre viver o luto

a morte da pessoa tiver mudado drasticamente a sua vida. Pode parecer que você está de luto não só por quem se foi, mas por tudo relacionado à "vida anterior", que nunca poderá ser recuperado.

31 de maio

Embora nada possa substituir o ente querido perdido, muitos enlutados relatam que cuidar de uma coisa viva depois que um ente querido morre ajuda a curar e recuperar a essência. Comece devagar, com um vaso de planta ou um arbusto florido sazonal para o seu quintal. Se você se sentir pronto para assumir mais responsabilidades, considere hospedar ou adotar um animal de estimação. Observar outro ser vivo crescer e mudar é um jeito maravilhoso de lembrar a si mesmo que você também está crescendo e mudando. Embora as plantas e os animais não sejam espelhos perfeitos para nós, eles podem nos oferecer esperança, companheirismo e amor à sua maneira.

1º de junho

"Se você estiver preocupado com o fato de que dar permissão para vivenciar e se envolver com as emoções vai transformá-lo em algo que não é ou alguém que não deseja ser, acredite: não vai. No entanto, isso lhe dará a oportunidade de ser seu 'eu' mais autêntico. Somos programados para sermos seres emocionais. Quando essa parte de nós se fecha, não somos inteiros."

— BRENÉ BROWN

Às vezes, é difícil deixar o luto entrar porque temos medo que ele nos mude. Na realidade, já estamos transformados pelo luto. Expressar a perda só nos permite mostrar mais sobre quem já somos. Embora você possa pensar que se fechar para o luto vai ajudá-lo a se curar, o oposto é verdadeiro. Permitir que o luto apareça e dê sua opinião é o segredo para continuar inteiro após a perda.

2 de junho

Escreva para si mesmo uma autorização pessoal para o luto. Em uma folha de papel, escreva: "Eu lhe dou permissão para sentir (inserir emoções)", "Eu lhe dou permissão para se comportar como (inserir comportamentos)", "Eu lhe dou permissão para chorar sempre que (inserir gatilhos)". Assine seu nome na parte inferior e pendure sua autorização em algum lugar onde possa vê-la todos os dias. Toda vez que passar por ela, lembre-se de que você é a primeira e a melhor pessoa para se dar o espaço e a benevolência de que precisa para vivenciar o luto.

3 de junho

"O luto é uma reação normal e natural à perda.
Originalmente, é um processo de sentimento não aprendido.
Manter o luto no seu interior aumenta a dor."
— ANNE GRANT

Adoro essa visão do luto como "um processo de sentimento não aprendido". Permitir a si mesmo ser novato na perda ajuda

Sobre viver o luto

a ser mais tolerante consigo enquanto aprendemos não apenas o que significa o luto, mas como é especificamente quando nós estamos de luto. Também nos dá um tipo flexível de permissão para expressar a morte da maneira que parece certa para nós. A psicoterapia tradicional e o apoio em grupo são os métodos mais comuns de apoio ao luto, mas qualquer maneira de expressar e processar o luto é adequada.

4 de junho

Tente tirar o luto da caixa e explorar a arteterapia, colorir ou pintar para expressar o seu luto. Quer você se identifique ou não como "criativo", não importa: ninguém vai ver ou julgar o seu trabalho. Basta começar a fazer marcas no papel. Você pode gostar de um formato mais estruturado, como páginas para colorir da artista de luto Joanne Fink ou um curso de arte on-line guiado do Project Grief (Projeto Luto). Você também pode só querer reservar alguns momentos por dia para rabiscar ou esboçar o que está sentindo. Se estiver procurando um ponto de partida, tente desenhar como você acha que é a aparência do luto, delineando e colorindo uma palavra que descreva o momento ou pintando alguma coisa que fez você sorrir hoje.

5 de junho

"'Você vai superar isso…'". É um dos clichês que causam o problema. Perder alguém que você ama é mudar sua vida para sempre. Você não supera porque 'isso' é a pessoa que você amava. A dor para, surgem novas pessoas, mas a lacuna nunca se fecha. Como poderia se fechar? A particularidade de alguém que era importante o suficiente para você passar pelo luto não se torna insignificante com sua morte. O buraco no meu coração tem o seu formato, e ninguém mais vai caber nele. Por que eu ia querer que alguém coubesse?"

— JEANETTE WINTERSON

Nenhum enlutado diz: "Quero superar a minha perda". Não queremos "superar" a perda porque "superar" significa esquecer o ente querido. Não, na verdade, queremos o contrário. Queremos encontrar maneiras de homenagear e honrar a pessoa que se foi para que possamos aprender a carregar o buraco que sua morte deixou no nosso coração e na nossa vida. Queremos que a vida e o legado dela tenham significado — e dar esse significado não tem nada a ver com superar o luto.

6 de junho

Invente um dia especial para honrar o ente querido e o legado que ele deixou. A pessoa gostava de cozinhar? Organize uma troca anual de cookies com amigos e parentes. Ela era obcecada por uma franquia de TV ou de cinema? Organize uma maratona de filmes, com pipoca e fantasias, e assista a tudo de uma só vez. Passar bem pelo luto não significa esquecer tudo relacionado à pessoa que morreu. Significa integrar sua memória e sua energia da melhor maneira possível à vida que somos obrigados a ter sem ela. Seja criativo. Não existe um jeito errado de honrar o ente querido.

Sobre viver o luto

7 de junho

"O maior erro que você pode cometer na vida é temer o tempo todo que vai cometer algum."
— ELBERT HUBBARD

Em um dos meus cursos on-line, ensino pessoas enlutadas a dizerem adeus ao mito do enlutado perfeito. Pensamos que deveríamos ser um determinado tipo de pessoa após a perda, mas a nossa expectativa nem sempre é a realidade. Permita-se cometer erros após a morte de alguém e deixe a pressão de ser o enlutado perfeito cair no esquecimento. Você tem permissão para ser novato nisso.

8 de junho

Matricule-se em uma aula baseada em habilidades que você nunca tentou. Pode ser alguma coisa artística, como bordado, cerâmica ou gravura, ou alguma coisa aventureira, como fabricação de cerveja artesanal, apicultura ou navegação. Não importa em qual aula vai se matricular, garanta que haja um objetivo claro e identificável no fim: fazer uma tigela em um torno, uma impressão xilográfica, aprender a usar uma bússola e assim por diante. Mesmo que o produto final não seja algo de que se orgulhe, você o fez — e o mundo não acabou porque o produto não era perfeito. Aprender uma nova habilidade (e ser ruim no início) ajuda a ter benevolência consigo mesmo e talvez até um pouco de humor também, conforme navega pela habilidade de aprender a viver o luto. E quem sabe: você pode até encontrar outra pessoa enlutada.

9 de junho

"Pessoas enlutadas precisam de alguém para andar com elas sem julgá-las."
— GAIL SHEEHY

O julgamento que o outro faz significa a morte da confiança, da vulnerabilidade e da franqueza. Quando as pessoas nos julgam no momento em que estamos vivenciando o luto, de maneira consciente ou inconsciente elas sinalizam para nós que não oferecem segurança o suficiente para compartilharmos tudo o que pensamos e sentimos em relação à perda. É natural depois da morte de alguém, como na vida em geral, gravitar em torno de pessoas que não julgam e são receptivas. Todos nós precisamos de testemunhas para nossas histórias, ainda mais quando perdemos alguém que amamos.

10 de junho

Não é fácil inserir a morte no nosso dia a dia, e é por isso que adoro retiros de luto e férias com essa temática. Retire o luto da grade e conecte-se com outras pessoas enlutadas indo a um retiro, fazendo um workshop no fim de semana ou combinando o luto com a vida ao ar livre. Se fizer uma simples pesquisa online por "retiro de luto" ou "férias de luto", vai notar uma quantidade grande de resultados. Ao participar de um retiro de luto, por exemplo, você não apenas se conecta com outras pessoas enlutadas e agita sua rotina, mas também recebe a perspectiva que as viagens geralmente proporcionam.

11 de junho

"Todos carregamos os mortos conosco para todos os lugares aonde vamos."
— CALEB WILDE

Pode ser perceptível ou não para você, mas saiba que quase todo mundo que conhece está carregando consigo uma pessoa (ou mais) que já morreu. Esses entes queridos não estão presentes na forma física, é claro, mas existem em várias histórias, lembranças, roupas e joias, por exemplo. Somos todos feitos das pessoas que vieram antes de nós e das pessoas que morreram ao longo da nossa vida. Todos têm uma história para contar sobre uma pessoa que morreu.

12 de junho

É perfeitamente normal usar uma peça de roupa ou os acessórios de um ente querido para manter sua lembrança sempre presente. Não existe um jeito certo ou errado de "vestir" a pessoa que se foi. Alguns enlutados guardam peças especiais para grandes ocasiões; outros "vestem" essas lembranças todos os dias. A maneira como você gostaria de homenagear o ente querido por meio de objetos que podem ser "vestidos" só depende de você. Até mesmo ter o cheiro do perfume do ente querido é aceitável. No dia seguinte à morte da minha mãe, entrei no quarto dos meus pais e roubei sua loção perfumada de uso diário de cima da cômoda. Ainda aplico no pulso nos dias em que preciso de um estímulo de confiança.

Shelby Forsythia

13 de junho

"Cada um de nós vai passar por coisas que destroem nossa bússola interna e tiram todo significado de baixo dos nossos pés. Todo aquele que não morre jovem vai passar por algum tipo de crise espiritual, na qual perdemos o sentido do que é certo e errado, possível e impossível, real e irreal. Nunca subestime o quanto é assustador, irritante, confuso e arrasador estar nesse lugar. Dar sentido ao que não tem sentido é um trabalho árduo."
— KERRY EGAN

Ninguém pode lhe dizer o que significa o seu luto. Você é a única pessoa que decide qual significado, se houver, deve ser atribuído à morte do ente querido. Embora amigos e parentes bem-intencionados tenham suas interpretações do papel da perda na sua vida, cabe a você, e somente a você, decidir o que tudo isso significa.

14 de junho

Muitas pessoas enlutadas dão sentido à perda retribuindo às suas comunidades. Pense em doar sangue ou plasma, fazer trabalho voluntário ou contribuir financeira ou materialmente para uma organização sem fins lucrativos. Muitas instituições de caridade permitem que você doe ou participe em nome de um ente querido que já faleceu, para que seu legado continue por meio de suas ações. Todo o significado da sua vida após a perda não tem que vir de retribuir, mas dar pode ser um jeito pelo qual a morte do ente querido enriquece a sua vida e a vida de outras pessoas.

Sobre viver o luto

15 de junho

"Não é tão fácil. A perda precisa ser vivida. Ela deve ser sentida de todas as maneiras lindas e terríveis. Quando seu coração está despedaçado como um tecido desfiado e pendurado em pedaços, o método da fita adesiva não vai funcionar por muito tempo. A costura cuidadosa e o luto sincero é *[sic]* necessário para colocar as coisas de volta no lugar. Talvez não com perfeição, mas pelo menos de um jeito que você consiga voltar a respirar."
— CHELSEA TOLMAN

Você pode tentar aplicar um curativo de solução rápida para o luto sempre que quiser, mas em algum momento uma cirurgia e uma cura profunda devem ser feitas para levá-lo a um ponto de cura verdadeira. Permita-se ir para lá, sozinho ou com pessoas de confiança, e realmente sentir a experiência do luto. Não é fácil, mas vale muito a pena.

16 de junho

Você sabia que as pessoas fazem playlists de luto? Pesquise "playlists de luto", "músicas tristes" ou "música para fazer chorar" no Spotify ou no Pandora e encontre uma gama de músicas perfeitas para falar com aquela dor no seu coração. Às vezes, ouvir o luto por meio da voz e do instrumento de outra pessoa pode nos ajudar a liberar e honrar a morte do ente querido. Se estiver se sentindo bem criativo, tente fazer sua própria playlist de luto para os dias difíceis.

Shelby Forsythia

17 de junho

"É muito curioso: é possível resistir às lágrimas e 'se comportar' muito bem nas horas mais difíceis do luto. Mas então alguém lhe faz um sinal amigável do outro lado de uma janela, você percebe que uma flor que estava brotando ontem desabrochou de repente ou uma carta escapa de uma gaveta... E tudo desmorona."
— COLETTE

A estabilidade é meio ilusória no luto. Achamos que está tudo "certo" e, de repente, um olhar gentil faz tudo desabar. É normal estar sempre construindo a estabilidade no luto. E também é normal sentir que não há como ficar estável. De vez em quando, gosto de imaginar a vida após a perda como a construção de uma torre com blocos, e o luto chegando depois para derrubá-la. Isso costumava me deixar sem esperança, mas não acontece mais. Os humanos são naturalmente construtores de estruturas; as perdas são naturalmente destruidoras de estruturas.

18 de junho

Uma das melhores revelações que testemunhei em uma cliente foi o reconhecimento silencioso de que ela tinha permissão para sair mais cedo de uma festa. Essa cliente tinha uma obsessão crônica por agradar as pessoas e foi criada para acreditar que, se comparecesse a um evento, teria que chegar cedo e ficar até o último convidado ir embora. No luto, ela se viu exausta só de pensar em festas. Ela se sentia isolada e afastada dos amigos. Lembrei

Sobre viver o luto

gentilmente a ela que era mais do que aceitável chegar à festa, ficar de dez a quinze minutos e depois dar uma desculpa para ir embora. Se você estiver se pressionando para ficar durante toda a festa/reunião/baile/conferência, pergunte-se: "Qual é a expectativa mínima aqui?". Pensar nas reuniões sociais como aparições de dez a quinze minutos é uma ferramenta importante para proteger seu tempo e sua energia e, ao mesmo tempo, interagir com as pessoas ao redor.

19 de junho

"Não importa se você está indo devagar, contanto que você não pare."
— CONFÚCIO

Progresso é progresso no luto. Como o seu luto é exclusivo para você e somente você, não é possível comparar a sua cura com a de outra pessoa. A única pessoa com quem você está competindo é com quem você era ontem. (Você não consegue nem se comparar à pessoa que era antes da perda.) Então vá, mas vá devagar, usando a sabedoria de que até mesmo o menor passo à frente é uma grande vitória.

20 de junho

Se você estiver sobrecarregado com a ideia do luto ou se esforçando para espremê-lo em uma agenda lotada, pense em marcar uma hora por semana para o luto. Os psicólogos costumam sugerir

Shelby Forsythia

que os pacientes ansiosos agendem um horário para se preocupar, de modo que suas angústias sejam reduzidas ao mínimo fora do "horário da preocupação" agendado. Você pode tentar uma abordagem semelhante para o luto. Ter um "momento do luto" regular planejado pode ajudá-lo a realizar mais coisas durante a semana e permitir que você se aprofunde quando estiver mental e emocionalmente preparado para lidar com o luto cara a cara. Quando você sentir tristeza durante a semana, anote suas emoções no celular ou em um caderno particular. Em seguida, no seu "momento do luto" planejado, abra as anotações e analise-as uma por uma. Dar ao luto um espaço garantido toda semana é um jeito infalível de evitar que ele se torne difícil de suportar. Se você não está acostumado a sentir emoções fortes, difíceis ou negativas, reservar um tempo para senti-las pode ajudá-lo a se lembrar de que essas emoções não são fatais e que elas fazem parte da experiência humana normal e natural.

21 de junho

"Aprendi que o luto é uma parte vital do meu coração e o aceito como um presente que existe ao lado da alegria."
— MANDY INGBER

No início, é muito difícil acreditar que o luto e a alegria possam coexistir, mas qualquer enlutado veterano lhe dirá que os dois convivem lado a lado. Ao contrário do que muitas pessoas acreditam, podemos sentir mais de uma emoção ao mesmo tempo — e nada esclarece melhor essa verdade do que perder alguém que amamos. As comemorações são agridoces, os dias felizes têm

Sobre viver o luto

uma migalha de tristeza e as belas experiências são sombrias de alguma forma.

22 de junho

Pratique o sentimento da alegria. Logo depois da perda, pode parecer impossível voltar a sentir uma emoção tão grande e positiva quanto a alegria. E isso é perfeitamente normal — até esperado quando alguém que você ama morre. Mas quando o entorpecimento e o choque da sua perda passarem e você voltar a perceber o mundo e sua beleza, pratique o sentimento da alegria. Mesmo que esteja com raiva das flores por desabrocharem ou do sol por brilhar, diga a si mesmo: "Estou ensaiando a alegria para que, quando ela voltar, eu possa reconhecê-la". Sorria, assobie ou dê um pulinho enquanto estiver andando, se puder. Pode demorar um pouco para você sentir de verdade a emoção da alegria com o corpo inteiro, mas, quando o fizer, a reconhecerá e estará pronto para isso.

23 de junho

"Quando falta uma pessoa, o mundo inteiro parece vazio."
— PAT SCHWIEBERT

Parece que a vida não deveria continuar sem o ente querido aqui, mas continua. O fato de o mundo inteiro não parar na mesma hora quando alguém morre é uma das realidades mais difíceis e mais dolorosas da perda. A vida continua... E você não quer que ela continue. Nesses momentos, respire fundo e saiba que o mundo vai parecer vazio por um tempo, mas não para sempre. Existe uma pontinha de esperança nisso.

24 de junho

De um jeito audacioso e incrível, nem todo humano do mundo vai saber que seu ente querido morreu. Isso não é uma piada, estou falando sério. Quando minha mãe morreu, fiquei chocada ao saber que havia pessoas no mundo que acreditavam que ela ainda estava viva. Elas me cumprimentavam no supermercado e perguntavam como ela estava, como se ela continuasse sentada em casa, lendo na sua cadeira preferida, como sempre. De algum jeito, elas perderam o memorando avisando que ela havia falecido. Se tiver que ser portador de más notícias, prepare um roteiro para não ser pego (totalmente) desprevenido. Fale de um jeito simples. Alguma coisa assim: "Lamento ter que lhe dizer isso, mas (insira o nome) morreu (insira o momento aqui: na primavera passada, um mês atrás, em outubro de 2011 e assim por diante)". Isso é tudo que você tem que dizer. E aí a bola vai estar no campo da pessoa. Pode ser uma conversa desagradável, mas se ensaiá-la não vai ter que reviver a morte do ente querido sempre que der a notícia. Você só precisa seguir seu roteiro.

25 de junho

"O luto assume muitas formas, incluindo a ausência de luto."
— ALISON BECHDEL

Sobre viver o luto

Se você é enlutado há muito tempo, deve saber disso; se é um enlutado novato, talvez não saiba. Existe luto na ausência do luto. Especialmente no início, parece que o objetivo de vivenciar o luto é fazer com que ele vá embora, mas quanto mais você chora e aprende sobre o sentimento da perda, mais reconhece que o luto dura tanto quanto você. O mais surreal é quando esses bolsões de ausência de luto aparecem — é quase como se você tivesse uma amnésia do luto. Durante dez segundos, uma hora ou três dias, você se esquece de que está vivendo o luto. E, nesse esquecimento, existe outro tipo de luto, porque, durante dez segundos, uma hora ou três dias, você se esqueceu de ficar triste porque o ente querido não está mais por perto. Ter amnésia do luto não é ruim; é só outro tipo de luto.

26 de junho

Não há problema em fazer pausas no luto. Você pode pensar que isso não é possível e, de certa forma, não é mesmo, mas vamos ver se consigo explicar isso de uma forma simples: não há problema em deixar de ir atrás do luto de vez em quando. Escolha um dia por semana para não frequentar o grupo de apoio, por exemplo, não pesquise os sintomas do luto no Google nem processe a perda por meio de um diário, meditação ou outra ferramenta de atenção plena. Tire o dia para você e pegue leve com o processo do luto. Veja como se sente. É claro que isso não significa que você não pode se sentir mal nem pode pensar na pessoa amada — é claro que pode. Mas pense em reservar 24 horas para desligar a chama da sua pesquisa sobre o luto e colocá-la em banho-maria por um dia.

Shelby Forsythia

27 de junho

"Não precisamos nos tornar heróis da noite para o dia. Só um passo de cada vez, encontrando cada coisa que surge, vendo que não é tão terrível quanto parecia, descobrindo que temos força para encará-la."
— ELEANOR ROOSEVELT

O luto é grande e assustador porque é desconhecido, e é normal recuar ou evitar o luto por causa de tudo o que é desconhecido nele. Mas pense o seguinte: o luto é uma parte de você, então como pode ser totalmente desconhecido? Conforme explora o luto, observe o quanto do que você está sofrendo o leva de volta a si mesmo: suas esperanças, seus sonhos, suas expectativas, seus medos, suas ansiedades e suas crenças. Pode ser que você conheça o luto melhor do que pensa. E esse conhecimento é uma fonte de força.

28 de junho

Se escrever ou se concentrar na leitura de palavras for muito difícil depois da perda (uma reação muito normal ao luto), pense em registrar seus pensamentos. Gravar sua experiência não ajuda apenas a processar o que está passando hoje, mas com o tempo pode mostrar seu progresso e seu crescimento. Depois de gravar por um período, volte e ouça a primeira gravação, a gravação de três meses atrás e a gravação da semana anterior. Ter uma prova do seu progresso é outra maneira de aumentar sua força e sua confiança após a morte de um ente querido. Não sabe por onde começar? Use um aplicativo o de gravação de áudio ou um

Sobre viver o luto

gravador tradicional, que também é uma excelente opção se você tiver acesso a um desses.

29 de junho

"No Antigo Testamento, uma pessoa enlutada rasgava seu manto… Havia choro e pranto. Mas, na nossa sociedade maluca, a pessoa que 'fica firme', que é 'muito corajosa' e que 'parece estar muito bem — não dá para saber', é ela que é aplaudida. O luto não é o oposto da fé. O luto não é o oposto da esperança."
— JENNIFER SAAKE

No mundo ocidental, é considerado impróprio e até imaturo expressar o luto de maneiras muito visíveis. Isso é lamentável, porque esse processo não é silencioso nem controlado. Saiba que, embora o mundo inteiro não seja necessariamente um lugar seguro para o luto, existem espaços, talvez até mesmo na sua casa, em que você pode lamentar, gritar, se debater e rasgar as roupas se quiser.

30 de junho

Sofri o luto pela minha mãe no banco da frente da caminhonete do meu pai. Ela estava estacionada na garagem, e eu fugia quase toda noite antes da sua morte para gritar, chorar, bater no encosto de cabeça e implorar aos poderes divinos que a deixassem viver. O que não percebi na época é que estava praticando um antigo ritual: o lamento (choro, grito, lamentação vocal) pela morte de um ente querido. Eu o encorajo a tentar lamentar em um lugar que lhe pareça seguro. Quando as lágrimas estiverem escorrendo, tente mover o ar do fundo da garganta para a boca, como se estivesse se preparando para gemer bem alto ou cantar. Em seguida, deixe que os ruídos fluam e que o luto os expulse de sua boca. Essa expressão desesperada do luto é uma maneira de ajudá-lo a se sentir ouvido, sentir que seu luto está sendo totalmente comunicado. É natural e normal querer uivar a dor para o céu.

1º de julho

"Você pode voltar a ser feliz, mas nunca vai conseguir voltar a ser feliz e ser igual a antes."
— SALLIE TISDALE

"Como ser feliz de novo" pode não ser a primeira coisa que você procura no Google depois que um ente querido morre, mas recuperar a alegria e até a risada é algo que passa pela mente da maioria dos enlutados. Por mais que nos sintamos horríveis agora, queremos saber que não será assim para sempre — e, além disso, que o luto não destruiu nossa capacidade de nos sentir alegres e otimistas. Você não está sozinho em questionar se a felicidade vai retornar; garanto que sim, talvez não da maneira que você conhecia.

2 de julho

Se você estiver cansado de se sentir deprimido, procure a visão de um comediante de *stand-up* sobre o luto. Os comediantes Kelli

Dunham, Patton Oswalt, Laurie Kilmartin e Tig Notaro fazem piadas sobre o luto e a perda em seus espetáculos. Quer estejam rindo dos próprios diagnósticos e sofrimentos ou falando sobre a morte de pessoas que amavam muito, é reconfortante ver uma abordagem humorística do luto. (Se você for sensível ao humor cruel, ignore piadas de luto e espetáculos de *stand-up* até estar pronto para ouvi-los.)

3 de julho

"Ninguém nos salva a não ser nós mesmos. Ninguém pode e ninguém consegue. Nós mesmos devemos trilhar o caminho."
— BUDA

Por mais que o apoio de grupos de luto, a terapia e outras formas de orientação sejam úteis depois da perda, no fim, nós é que devemos fazer o trabalho de nos curarmos. Nem toda a ajuda do mundo tem utilidade se não a examinarmos e depois a aplicarmos à nossa vida. No fim das contas, ninguém vai salvá-lo no luto, você é quem deve se salvar. A boa notícia é que você só precisa ter vontade de trilhar o caminho que foi colocado diante de você.

4 de julho

É normal confiar na sabedoria ou na atitude do ente querido durante a cura. Muitos enlutados atribuem sua franqueza, sua perspectiva positiva ou sua firmeza a um ente querido que morreu. Tente o seguinte: pegue um pedaço de papel e feche os olhos. Visualize o ente querido sentado ou em pé diante de você e anote todas as palavras descritivas que lhe vierem à mente. Quais características seu ente querido teve na vida que estão ajudando você agora, depois da morte? O que eles ensinaram que você está usando ou está se apoiando para conseguir ajuda agora? Se essa pessoa pudesse lhe dar alguma garantia ou conselho, qual seria? Se não conseguir "ouvir" o ente querido, tente senti-lo no corpo. Caso não puder senti-lo no corpo, imagine o que ele diria a você se pudesse.

5 de julho

"O luto é como embarcar em uma jornada em direção a um destino desconhecido, contra a sua vontade: é incrivelmente difícil, doloroso e demorado — e não há atalhos."
— JOANNE FINK

Se alguém quiser lhe vender uma solução rápida para o luto, fuja. O luto é demorado, complexo e exclusivo. O que funciona para uma pessoa não necessariamente vai funcionar para você e vice-versa. Você precisa ser capaz de seguir seu próprio mapa, aprender a ler sua bússola e encontrar seu caminho. Isso não quer dizer que as ferramentas e os conselhos de outras pessoas não sejam úteis; só que não existem maneiras simples de contornar o luto.

6 de julho

Às vezes, pensar no luto como uma longa viagem de carro pode ajudar, e pode ser revigorante fazer jogos enquanto está vivenciando

Sobre viver o luto

o luto. Experimente o "jogo do ABC", em que você nomeia 26 coisas diferentes das quais seu ente querido gostava, começando com a letra *A* e terminando com *Z*. Se letras como *Q*, *X* e *Z* forem complicadas, use a primeira inicial do ente querido. Ou jogue "Eu vejo", em que você identifica o luto em lugares interessantes, como no seu programa de TV preferido ou em um livro: "Eu vejo com meu olhinho... alguém de luto". Esses jogos podem ajudar a normalizar o fato de que o luto, de algum jeito, está em toda parte.

7 de julho

"Não podemos 'seguir em frente' nem perdoar com um estalar de dedos."

— SOPHIE HANNAH

O perdão está praticamente embutido na experiência do luto, mas, apesar das fortes emoções e opiniões dos outros, só podemos perdoar de acordo com o nosso cronograma. Não podemos ser precipitados em perdoar com o objetivo de fazer outra pessoa (ou o ente querido morto) se sentir melhor; só podemos perdoar quando nos parece verdadeiro e correto. Anime-se em saber que é muito raro perdoar da noite para o dia e que muitas pessoas enlutadas estão no mesmo barco que você.

8 de julho

Se você estiver se esforçando para perdoar a si mesmo, ao ente querido ou a outra pessoa, mas não estiver totalmente pronto, considere dizer alguma coisa do tipo "Estou tentando perdoar (inserir nome)" ou "Pretendo perdoar (inserir nome)". Isso permite que você e as pessoas ao seu redor saibam que está trabalhando no perdão, mas ainda não chegou cem por cento a esse ponto. É um jeito simples de definir uma intenção e anunciá-la sem prometer perdão total antes de estar pronto.

9 de julho

"No fim das contas, podemos suportar muito mais do que achamos que podemos. Nada é absoluto. Tudo muda, tudo se move, tudo gira, tudo voa e vai embora."
— FRIDA KAHLO

Quando trabalho com um cliente, chega um ponto, sem falha, em que ele olha para trás e diz algo como "Uau. Não acredito que sobrevivi àquilo. Não acredito que fiz isso depois que meu ente querido morreu. Não acredito que ainda estou de pé." A incredulidade e a admiração podem vir com a vida após a perda, como se não reconhecêssemos que foram as nossas pernas que nos levaram até onde estamos. Reserve um momento para se maravilhar com a sua força. Você é a pessoa, a força, que o fez chegar a esse lugar.

10 de julho

Escreva uma carta para a pessoa que você era no dia em que o ente querido morreu. Descreva as circunstâncias do momento em que está agora, comparando-as, com gentileza e compaixão, às circunstâncias da sua vida naquela situação. Agradeça por ter fé em si mesmo por seguir em frente, mesmo que o movimento parecesse impossível. Reconheça o medo e a dor compreensíveis do seu eu passado naquele dia. Saiba que você está cuidando de vocês dois e que, juntos, vão continuar a trilhar o caminho do luto. Volte a esse exercício sempre que precisar de uma injeção de fé na sua própria força e na sua capacidade de seguir em frente. Se tiver dificuldades com esse exercício, peça a um amigo ou parente para lhe dar uma perspectiva de onde você estava e de onde está hoje. Você pode se surpreender com seu progresso.

11 de julho

"Devemos caminhar conscientemente só uma parte do caminho em direção ao nosso objetivo e, em seguida, dar um salto no escuro em direção ao sucesso."
— HENRY DAVID THOREAU

Metade da cura compreende as ferramentas tangíveis, os sistemas, as práticas e as mentalidades que lhe oferecem estrutura, base e segurança. A outra metade é manter a fé de que a cura vai acontecer. Uma é muito visível; a outra é invisível. Precisamos de ambas para viver bem após a perda.

12 de julho

Você pode tornar a vida após a perda muito mais simples, restringindo sua lista de itens "obrigatórios". Os itens obrigatórios são tarefas que você deve realizar todo dia para sobreviver. São tarefas necessárias e essenciais, como abrir a porta para o cachorro entrar e sair, ir para o trabalho e voltar para casa e se alimentar (e alimentar as outras pessoas da casa). Sua lista de itens obrigatórios não deve incluir tarefas de luxo ou únicas, como cortar o cabelo, levar o carro para lavar ou sair para beber. Além disso, quando alguém (uma pessoa ou instituição) lhe apresentar um afazer que não esteja na sua lista de tarefas obrigatórias, considere isso um pedido para extrair energia da sua conta de energia do luto. Você quer fazer essa transação? A escolha é sua.

13 de julho

"Posso resumir em duas palavras tudo o que aprendi sobre a vida: ela continua."

— ROBERT FROST

Embora tenhamos a sensação de que isso deveria acontecer, a vida não para no dia em que um ente querido morre. Costumava ficar ressentida com esse fato, até que o enquadrei de um jeito novo: se a morte fosse poderosa o suficiente para literalmente pausar a vida, não sei se escolheria retomá-la. Eu teria ficado presa para sempre no dia em que minha mãe morreu e teria perdido os últimos sete anos da minha vida. Apesar de ainda querer trocar esses sete anos para ter minha mãe de volta, não posso dizer que gostaria que a morte tivesse a palavra final para determinar se eu poderia continuar vivendo. Ser obrigada a voltar ao mundo dos vivos ajudou a me impulsionar para frente no momento em que mais precisava.

Sobre viver o luto

14 de julho

Crie um pequeno ritual diário para homenagear o ente querido. O ritual deve durar menos de sessenta segundos e deve poder ser realizado em qualquer lugar, para que você possa continuar a fazê-lo durante uma viagem. Pode ser alguma coisa como cumprimentar o teto do seu quarto toda manhã com "Bom-dia, (insira o nome do ente querido)", ouvir uma mensagem de voz alegre que o ente querido deixou no seu celular ou prender um broche ou uma medalha da pessoa no seu colarinho. Esse pequeno e significativo ritual pode ajudar a aliviar seus temores de que a memória de quem se foi de alguma forma vai ficar no passado. É impossível se esquecer de alguém quando sua lembrança está programada na sua rotina diária.

15 de julho

"Você vai sobreviver e encontrar um propósito no caos. Seguir em frente não significa deixar ir."
— MARY VANHAUTE

Continuar a viver não significa consentir em esquecer. Você não é um balde com capacidade limitada. Não, você é um recipiente em constante mudança, com a incrível capacidade de acomodar não apenas sua vida e seu amor, mas também a vida e o amor da pessoa que morreu. É possível guardar muitos entes queridos perdidos em um só corpo e continuar seguindo em frente. Progredir não significa deixar seus entes queridos para trás. Significa levá-los consigo e mantê-los ao seu lado pelo resto da viagem.

Shelby Forsythia

16 de julho

Embora seu corpo tenha limites finitos, seu coração não tem.
Pratique sentir o coração se expandir e crescer enquanto você
abre espaço para que o ente querido viva nele. Feche os olhos e
imagine-os construindo um lar permanente no seu coração. Qual
é a cor da casa? Como é a mobília? Tem jardim, sala de jogos ou
banheira de hidromassagem? Onde o ente querido fica nessa casa
com mais frequência: em uma poltrona reclinável, na cozinha ou
no alpendre? Imaginar onde o ente querido mora no seu coração
pode ajudá-lo a sentir que ele está mais enraizado no presente,
em vez de uma visão abstrata que foi deixada no passado. Leve-o
consigo em um lar personalizado no seu coração.

17 de julho

"Eu queria um final perfeito. Agora aprendi, da maneira mais
difícil, que alguns poemas não rimam e algumas histórias não
têm começo, meio e fim claros. A vida é não saber, ter que
mudar, aproveitar o momento e tirar o melhor proveito dele,
sem saber o que vai acontecer a seguir."
— GILDA RADNER

A incerteza é uma marca registrada da perda. O luto e todas as
suas voltas e reviravoltas inesperadas fazem um ótimo trabalho
de derrubar qualquer expectativa que temos de que a vida é
previsível ou perfeita. Embora seja perturbador e desanimador
perceber que a vida nem sempre é tranquila e arrumada, também
é uma esperança, de um jeito distorcido. Se a vida não é perfeita,

Sobre viver o luto

você não precisa tentar torná-la dessa forma. Você só tem que dar o melhor de si com as circunstâncias que lhe são apresentadas, porque ninguém sabe o que vai acontecer a seguir.

18 de julho

Faça da sua casa um lugar seguro para o luto. Usando um pedaço grande de cartolina ou um bloco de notas, crie uma lista de "Regras da Casa para o Luto". Podem ser simples como "Podemos chorar por qualquer coisa sem precisar explicar" e "Não é permitido julgar nem dar conselhos". Você também pode tornar as regras da casa tão tolas ou pessoais quanto "Quem usar o último lenço de papel tem que comprar mais" ou "Ninguém se senta à mesa no lugar do papai". Quando terminar de fazer a lista de regras da casa, cole-a na geladeira ou em um quadro de avisos para que todos vejam.

19 de julho

"Esperança é o sentimento que temos de que o sentimento que temos não é permanente."
— MIGNON MCLAUGHLIN

Algumas pessoas veem a esperança como um retrato ilusório de onde estarão um dia, uma terra em que não há dores, sofrimentos, problemas e medos. No luto, a sensação de esperança tende a ser diminuída, uma afirmação que diz simplesmente: "Nem sempre será assim". Acreditar que alguma coisa diferente está chegando, muitas vezes, é a única coisa que torna o momento presente suportável. Descobrimos que podemos viver com dor um pouco mais se soubermos que uma trégua dessa dor está inevitavelmente a caminho.

20 de julho

Faça uma lista das coisas que você gostaria muito de fazer. Podem ser programas grandiosos para toda a vida, semelhantes aos de uma lista de desejos ("andar em um balão de ar quente", "conhecer uma celebridade preferida", "ver o rio Nilo") e até mesmo pequenos prazeres diários aos quais você deseja retornar ao longo da estrada ("ler um livro do início ao fim", "passar pela casa funerária sem prender a respiração", "dormir a noite toda tranquilamente"). Então, uma vez por mês, verifique sua lista. Você pode descobrir que progrediu sem nem perceber — levei algumas semanas para reconhecer que tinha voltado a dormir a noite toda — ou, se não progrediu, planeje com cuidado maneiras de atingir seus objetivos. Não há limite para o número de itens permitidos na sua lista. Pense nisso só como um esboço dos seus desejos para a vida após a perda.

21 de julho

"Especialmente com o luto e o sofrimento, você pode passar por essas coisas e pensar: 'Eu nunca vou voltar a ser completo'."

— ADAM SILVERA

Sobre viver o luto

É normal ver a perda como uma força destrutiva que nos danifica ou até mesmo nos destrói além de qualquer possibilidade de conserto. E, de certa maneira, é verdade, você não pode voltar a ser completo como era. Mas o que eu e muitos outros enlutados descobrimos é uma nova definição para totalidade, uma totalidade que inclui a enorme experiência de perda. Em vez de se ver como quebrado, por que não ver sua velha definição de totalidade como quebrada? Por exemplo, em vez de dizer a si mesmo: "Estou quebrado", tente dizer a si mesmo: "Minha antiga visão de 'totalidade' está quebrada. Estou aprendendo a ver a quebra provocada pela perda como parte da minha nova definição de 'totalidade'". Sua integridade não exclui sua quebra. Na verdade, sua quebra é parte integrante da sua imagem.

22 de julho

Uma coisa que contribui muito para a sensação de totalidade é a percepção de estar presente no momento. Tente fazer uma coisa que você sempre faz, mas de forma bem tranquila, para perceber cada aspecto. Gosto de fazer uma xícara de chá bem devagar: encher o bule com água, aguardar enquanto ele começa a ferver, rasgar um saquinho de chá, amarrá-lo na alça da minha caneca preferida, derramar a água sobre o saquinho e ver o vapor subir. No início, fazer chá devagar era uma tortura. Mas, com a prática, se tornou uma atividade que me ajuda na concentração, a respirar e a voltar para a riqueza do momento presente. Na próxima vez que se sentir menos do que completo, considere escovar o cabelo, preencher uns documentos, dobrar a roupa ou regar as plantas de casa bem devagar.

Shelby Forsythia

23 de julho

"O luto restaura o relógio da vida para antes e depois."
— LYNDA CHELDELIN FELL

A perda de um ente querido divide em dois a linha do tempo da nossa vida e a nós mesmos. Quando vivenciamos a morte de alguém que amamos, há um momento distinto em que paramos de marcar o tempo pensando em minutos, horas e dias e começamos a marcá-lo simplesmente com "antes" e "depois" da morte da pessoa. É absolutamente normal sentir que você está operando em um cronograma totalmente diferente do resto do mundo... Porque está mesmo.

24 de julho

Ficar obcecado ou preocupado com o tempo ou com datas é um efeito colateral comum do luto. Minha mãe morreu no dia 26 de dezembro e, no dia 26 de cada mês, durante meses após a morte dela, lutava para sair da cama, manter o foco e falar com outras pessoas. Era como se, a cada mês, meu corpo me puxasse de volta para aquela data. Se você estiver tendo flashbacks de corpo inteiro e tiver os meios financeiros e práticos para fazer isso, considere essas datas de "aniversário do luto" como dias inteiros ou meios dias de folga do trabalho e de outras obrigações pelo menos nos primeiros seis meses após a perda. Honrar o fato de que você pode estar mais consumido pelo luto do que o normal naquele dia é uma forma amorosa de se permitir se lembrar da pessoa que perdeu. Afinal, você pode decidir ir trabalhar ou realizar sua rotina regular,

Sobre viver o luto

mas dar a si mesmo o espaço e a permissão para não fazer nada é uma autocompaixão poderosa.

25 de julho

"A alma elevada é a pessoa que assumiu a tarefa da mudança."
— GARY ZUKAV

O luto exige que mudemos nossa vida externa e internamente. Se você estiver questionando sua fé; sua confiança no mundo, em você ou nos outros; ou sua crença de que "tudo acontece por uma razão", saiba que não está sozinho. Isso é comum entre os enlutados. A morte de um ente querido não abala só o mundo exterior: também bagunça o mundo interior e há uma solidariedade surreal em saber que você não é o único que enfrenta mudanças em tantas frentes.

26 de julho

A sociedade tem muitos rituais e expectativas para o luto por alguém que amamos, mas e quanto ao luto por coisas que não podemos ver, ouvir ou tocar, como esperanças, sonhos, sistemas de crenças e traços de personalidade? Tente o seguinte: pegue algumas pedras planas fora de casa ou compre um saco de pedras de rio em uma loja de artesanato. Com um marcador permanente ou uma caneta pincel, escreva seu nome em uma das pedras para representar seu antigo eu, e, nas outras, escreva todas as coisas intangíveis pelas quais você está de luto. Podem ser coisas como "fé", "autoconfiança", "criatividade", "a crença de que os mocinhos sempre vencem" e assim por diante. Quando terminar, enterre seu antigo eu junto com suas "perdas", dizendo alguma coisa do tipo: "Eu reconheço que, ao perder meu ente querido, também perdi meu antigo eu e (insira perdas invisíveis)". Se não tiver acesso a um local para enterrar as pedras, pense em jogá-las com segurança em um lago ou uma lagoa.

27 de julho

"O luto dura mais do que a simpatia, e essa é uma das tragédias do luto."
— ELIZABETH MCCRACKEN

A certa altura, as flores param de chegar e a caixa de correio não está mais cheia de cartões de simpatia. Parece que os pesares e os desejos de boa sorte de parentes, amigos e colegas de trabalho se esgotaram. Na maioria dos casos, não é uma falta de cuidado por parte das pessoas ao redor; é a realidade de que todo mundo tem uma vida para viver fora da morte da pessoa que você ama. Sua vida agora é a perda do seu ente querido, então, para você, o luto continua. Nesse momento, é mais importante do que nunca se conectar a outras pessoas que também estão de luto.

28 de julho

É normal que as amizades se afastem após a perda. E também é normal que você esteja muito exausto, sobrecarregado e sofrido

Sobre viver o luto

para ter energia para estender a mão aos amigos em pouco tempo. Embora seja doloroso perder uma amizade, não há problema em deixar isso passar por um tempo enquanto você cuida de si mesmo e do seu luto. Quando estiver pronto, conecte-se ao seu amigo por meio de uma carta ou um e-mail. Diga alguma coisa como "Sei que já faz um tempo que não nos falamos, mas queria que soubesse que fiquei muito magoado quando (parou de me ligar aos domingos). Você pode ter um bom motivo para isso, mas a história que estou contando para mim mesma é que (você me achou muito 'negativo'). Eu odiaria se essa história fosse verdadeira e estou aberto para ouvir seus argumentos. Sinto saudade de ter você na minha vida. Espero ter notícias em breve.". Se a pessoa responder com consideração, pense em retomar a amizade. Se ela responder na defensiva, com raiva ou com o silêncio, considere a amizade perdida e procure pessoas que aceitem melhor você e seu luto.

29 de julho

"Embora seja natural esquecer o seu poder depois de perder um ente querido, a verdade é que, depois de uma separação, um divórcio ou uma morte, ainda existe dentro de você a capacidade de criar uma nova realidade."
— LOUISE HAY E DAVID KESSLER

Embora a morte de um ente querido possa fazer você se sentir impotente, ela não pode tirar seu poder. Quer você perceba ou não, você tem a opção de, a cada momento, tornar o próximo que vier melhor ou pior do que o que está vivendo agora. Nem

Shelby Forsythia

sempre é uma escolha fácil, mas ela existe mesmo assim. O que você vai sentir, pensar, ser ou fazer a seguir?

30 de julho

Dê aos seus amigos a tarefa de ajudá-lo a sair da rotina. Recrute de cinco a dez amigos como "diretores de atividades" e peça para ser convidado para acompanhá-los em tudo o que estiverem fazendo: café da manhã, cinema, aula de ginástica, trilha, jogos na vizinhança e assim por diante. Diga que, mesmo que você recuse algumas vezes ou na maioria das vezes, o mais importante é que não deixem de convidá-lo para fazer coisas com eles. Cada novo convite que você recebe é uma oportunidade de se conectar com seu amigo, ter uma nova experiência ou provar a si mesmo que é capaz de fazer alguma coisa diferente ou nova a qualquer momento.

31 de julho

"A dor pode destruí-lo ou lhe dar um foco. Você e só você pode decidir que um relacionamento foi em vão se teve que terminar na morte. Ou você pode perceber que cada momento dele teve mais significado do que ousou reconhecer... Você está abalado não pelo peso da perda, mas pela gratidão pelo que precedeu a perda."
— DEAN KOONTZ

A sociedade ocidental costuma retratar a morte como um fracasso. Em outras palavras: "Se alguma coisa que amamos vai morrer,

Sobre viver o luto

é perda de tempo amar essa coisa. De que adianta, se tudo vai acabar em morte?". Só você pode decidir se concorda ou discorda dessa mentalidade. Para mim, a morte não nega todo o amor, o calor e as lembranças que a precederam. Embora a morte da minha mãe tenha sido e continue a ser a pior coisa que já me aconteceu, me recuso a desperdiçar tudo que houve de bom. Não trocaria os 21 anos que passei com ela por nada.

1º de agosto

Gratidão é uma luta para muitos enlutados. É compreensível porque, quando alguém diz "Simplesmente seja grato", você sente vontade de bater nessa pessoa. Tente reformular a gratidão não como uma coisa pela qual você é grato, mas como uma coisa que o mantém vivo após a perda. Não faça uma lista das coisas pelas quais agradece; faça uma lista das coisas que estão lhe dando vida — como ver o focinho do seu cachorro ou saber que tem uma caixa de picolés de morango no freezer. Em vez de perguntar "Pelo que sou grato?", pergunte "O que na minha vida está me dando vida?". Isso vai mover o importante e excessivamente alegre gesto de gratidão para um lugar mais acessível no luto.

2 de agosto

"A maioria das pessoas nunca se sente bem nem tranquilo com a perda de um ente querido. (Aceitação) é aceitar a realidade de que o ente querido se foi fisicamente e reconhecer que essa nova realidade é permanente. Nunca

Shelby Forsythia

vamos gostar dessa realidade nem torná-la tranquila, mas acabamos por aceitá-la. Aprendemos a viver com ela. É a nova norma que devemos aprender a amar. É aqui que nossa cura e ajuste finais podem ter um controle firme, apesar do fato de que a cura muitas vezes parece e dá a sensação de ser um estado inatingível."

— ELISABETH KÜBLER-ROSS

Ao vivenciar a morte de um ente querido, você recebeu uma das piores mãos que a vida pode lhe dar. Você não precisa gostar, mas tem que aprender a conviver com isso. Chegar a um ponto de aceitação com sua perda não se trata dos seus sentimentos a respeito dela (por exemplo, isso é uma merda); trata-se de reconhecer que o que aconteceu já passou e que é possível se curar inclusive dessa perda. Se você espera que a cura seja igual a estar de volta à vida que tinha antes, nunca a alcançará; se reformular a cura para fazer o melhor que pode nas circunstâncias, ficará mais perto dela a cada dia.

3 de agosto

Estenda a mão e se conecte com um dos seus especialistas em luto, autores, palestrantes, terapeutas virtuais, celebridades ou profissionais de saúde mental. A maioria das pessoas que trabalha no espaço do luto está aberta a uma conversa ou pelo menos disponível para responder um e-mail. Compartilhe alguma coisa que você adora no trabalho deles, como uma dica que foi útil, ou envie uma foto do seu ente querido. Você pode acabar fazendo amizade com um "influenciador" de luto da vida real.

Sobre viver o luto

4 de agosto

"O luto é muito humano e atinge todo mundo em um momento ou outro da vida. Se você ama, vai vivenciar o luto, e essa é uma certeza."
— KAY REDFIELD JAMISON

O amor e o luto são entrelaçados de uma maneira inexplicável e, ao mesmo tempo, permanente. Quando compartilhamos nosso coração e nossa alma com alguém, faz sentido ficarmos arrasados com sua morte. O luto é um reflexo da conexão profunda, significativa e importante com o ente querido. Dói perdê-lo, e é normal e natural sentir isso.

5 de agosto

Não há nada melhor do que passar um bom tempo na frente da TV e, felizmente para os enlutados, a indústria de streaming está ficando cada vez mais experiente para lidar com o luto de perto e de maneira pessoal. Séries como *This is Us*, *Dead to Me* e *Sorry for Your Loss* fazem um excelente trabalho abordando a perda de um ente querido e suas consequências. Em cada uma dessas séries, você pode encontrar exemplos de luto pelas lentes da dinâmica familiar, de circunstâncias que são tabu, da revelação de segredos após uma perda e muito mais. Se estiver procurando se conectar com o luto no conforto do seu sofá, pesquise "programas de TV sobre luto" no Google e veja o que está disponível agora nas suas plataformas de streaming. Pense na ideia de transformar sua sessão de TV em uma atividade em grupo, e convide amigos,

Shelby Forsythia

parentes ou colegas enlutados para assistirem junto. Você pode até abrir a porta para novas conversas sobre como é vivenciar o luto.

6 de agosto

"O luto é uma experiência extremamente emocional. Ele faz uma bagunça no seu cérebro."
— BARBARA FANE

"Cérebro de luto" é um efeito colateral muito verdadeiro. Esquecimento, pensamentos acelerados e sensação de confusão ou entorpecimento são experiências relatadas com frequência após a perda de um ente querido. Se você sentir que seu cérebro está na capacidade máxima, você não está sozinho. Seja gentil consigo e saiba que não está maluco; só está de luto.

7 de agosto

Compre uma pilha de post-its, escreva lembretes para si mesmo e espalhe na casa toda. Podem ser bilhetes de coisas práticas ("As chaves do seu carro estão na entrada", "Marque uma reunião para sexta-feira às 15h", "Você não tem serviço de carona esta semana") ou até mesmo motivacionais ("Viva um dia de cada vez", "Não é seu trabalho resolver o luto; só vivenciá-lo", "Vai dar tudo certo"). No início, pode parecer uma grande bobagem encher a casa com bilhetes coloridos para o cérebro, mas eles podem ser uma grande ajuda quando suas chaves ou sua fé em si mesmo desaparecem por um tempo.

Sobre viver o luto

8 de agosto

"No local onde você costumava ficar, há um buraco no mundo, e eu sempre fico andando ao redor dele durante o dia e caindo nele à noite."
— EDNA ST. VINCENT MILLAY

Depois de um dia inteiro concentrado nos afazeres, é normal sentir que seu luto surge com força total à noite. É consideravelmente fácil evitar o luto durante o dia — quando o trabalho, a família, as tarefas na rua, os amigos, os afazeres domésticos e parecer estar bem têm prioridade. A ocupação é uma distração familiar e muitas vezes bem-vinda na dor do luto. Mas o sentimento da perda não vai embora só porque você está fazendo outra coisa. Ele espera pacientemente que você não tenha mais nada a fazer para surgir. Quando isso acontecer, permita-se passar um tempo com ele quando aparecer. O luto não tem o objetivo de destruir o seu dia ou deixá-lo infeliz; ele só quer ser ouvido em meio ao barulho do seu dia a dia.

9 de agosto

Muitos enlutados se colocam em um dos dois campos — "indo bem" ou "vivendo o luto" —, como se viver a perda fosse o oposto de estar bem. Na realidade, o luto é um sinal de saúde, dedicação e humanidade. Outras pessoas e eu ficaríamos preocupados se você não chorasse a morte do seu ente querido. E se em vez de classificar o luto como "não estou indo bem", você pensasse na perda como uma prova de que está exatamente onde precisa estar? Tente substituir as declarações críticas como "Não é certo ficar de luto", "Eu já deveria ter superado" e "Deve haver alguma coisa errada comigo" por declarações mais neutras como "Isso é o que acontece naturalmente quando alguém que você ama morre", "Meu luto é simplesmente uma resposta por estar com o coração partido" e "É normal estar de luto por isso; é algo pelo qual vale a pena sofrer".

10 de agosto

"Queremos colocar as coisas em caixas e embrulhar com uma bela fita, mas, infelizmente, no caso da perda de pessoas, não existe caixa e não existe fita."
— JONATHAN VAN NESS

Ao contrário de outros marcos importantes na vida de uma pessoa (como, por exemplo, uma formatura, o casamento, a compra de uma casa), não há uma ordem definida de eventos quando o assunto é o luto. Trata-se de uma experiência totalmente desordenada, fora da caixa, que aprendemos a navegar à nossa própria maneira. Não recebemos um livro de regras com o título "Como vivenciar o luto"; nós simplesmente sabemos que devemos fazer isso.

11 de agosto

Você pode tentar compartimentar o luto o quanto quiser, mas esse sentimento tem um jeito sorrateiro e irritante de se infiltrar em todos os aspectos da nossa vida. Tente imaginar o luto como um

Sobre viver o luto

jogo sem fim de Whac-A-Mole[2], com o luto e sua risada estridente aparecendo em lugares e relacionamentos onde você menos espera ("olá, luto" em uma ida ao supermercado/no primeiro encontro/na entrevista de emprego). Toda vez que a dor aparecer, convido você a gritar uma coisa boba do tipo "Ah, você de novo não". Depois, se conseguir rir, ria. O riso nos ajuda a quebrar emoções difíceis ou dolorosas e expulsá-las do corpo. E, para mim, não há nada como rir do luto quando ele vai atrás de você de novo.

12 de agosto

"Quando falamos em cura, tendemos a pensar só nas partes delicadas. Descanso e recuperação. Massagens e muitos cochilos. Sucos e refeições saudáveis e nutritivas. Mas, às vezes, a cura é difícil. Às vezes, dói tanto quanto aquilo que nos destruiu em primeiro lugar, ou até mais. Às vezes, a cura é destruir o que não tinha sido completamente destruído, para que possamos colocar as coisas de volta no lugar em que deveriam estar. Para que possamos finalmente nos remendar."
— STEPHENIE ZAMORA

Você já se sentiu como se houvesse mais luto sob o seu luto? Como se você tivesse arrancado o papel de parede que cobria o luto só para descobrir que precisava derrubar toda a parede

---

2   (N. E.): Whac-A-Mole é um jogo de arcade em que existem buracos com toupeiras dentro, que aparecem aleatoriamente para o jogador. O objetivo do jogo é acertar as toupeiras, conforme elas aparecem, o mais rápido possível.

porque não era sólida? Curar o luto exige muito trabalho árduo. É uma demolição figurativa da sua antiga vida e a reconstrução de uma nova. E, às vezes, as paredes que não foram derrubadas com a morte do ente querido precisam ser derrubadas depois. Não porque tem alguma coisa errada com as paredes, mas porque essas paredes não são mais adequadas após a perda.

13 de agosto

O luto afeta todas as áreas da vida, e as finanças não são exceção. Quer você esteja desembolsando dinheiro para os serviços funerários de um ente querido ou recebendo uma herança inesperada, sua conta bancária provavelmente é atingida pelo luto. Agende uma data para avaliar como o luto afetou suas finanças. Pode ser desconfortável olhar para a realidade financeira depois que um ente querido morre, mas o dinheiro é uma área da vida em que é melhor ter certeza do que permanecer no escuro. Ligue para um consultor de confiança ou procure o apoio do seu banco se não souber por onde começar.

14 de agosto

"A maneira pela qual vou honrar a memória do meu (ente querido) não é com um grande ato, mas por meio de escolhas diárias: ser misericordioso comigo mesmo, me entregar livremente àqueles que eu amo e viver plena e completamente enquanto tenho a chance."

— CAMILLE PAGÁN

A recuperação da morte de um ente querido raramente tem a ver com grandes gestos e momentos de triunfo. Na verdade, viver bem após a perda tem mais a ver com entregar a nós mesmos e às pessoas ao redor um pouco mais de compaixão, de permissão e de amor a cada dia. A cura não precisa ser grandiosa para valer a pena; são os menores momentos que fazem a maior diferença.

15 de agosto

Alguns enlutados sentem pressão para conter as lágrimas ou emoções "negativas", porque seus entes queridos não iam querer que ficassem tristes. É claro que as pessoas que se foram não iam querer nos ver sofrendo, só que não vivemos o luto para satisfazer os entes queridos, mas sim para nos acalmar e nos curar. Se você acha que não pode viver o luto porque o ente querido ficaria decepcionado, escreva uma carta pedindo que ele o liberte da expectativa de positividade. Por exemplo, "Querido (insira o nome da pessoa que faleceu), sei que ia doer se me visse chorando e lamentando a sua morte, mas preciso que entenda que eu o amo tanto que sua partida me afeta em um nível muito emotivo. Acredito que ficarei bem um dia, mas hoje preciso expressar os meus sentimentos".

16 de agosto

"Mas, com toda a tristeza... Você precisa se lembrar de que o luto não é a ausência de amor. O luto é a prova de que o amor ainda existe."
— TESSA SHAFFER

Não vivenciamos o luto por coisas que não nos importam. O luto é só outra maneira de dizer: "Eu me importo muito com a pessoa que perdi, e é difícil não tê-la aqui". Na próxima vez que começar a se punir por sentir o luto, lembre-se gentilmente de que o sentimento da perda não é um sinal de que tem alguma coisa errada com você; é uma evidência de que existia uma forte conexão com a pessoa que se foi.

17 de agosto

Reconecte-se a alguém que serviu de modelo na sua vida. Pode ser um mentor de carreira, um treinador do ensino médio, um professor universitário ou um líder religioso. Qualquer pessoa com quem você sentiu um vínculo especial e que o guiou ou ensinou de alguma forma serve. Entre em contato e convide essa pessoa para uma chamada telefônica, uma conversa por vídeo ou, se possível, um encontro pessoalmente. Compartilhe sua história de perda com ela e veja que sabedoria ou conselho ela vai lhe dar. Seu modelo pode ter um conhecimento especial sobre seus pontos fortes e seus talentos que outros amigos e parentes podem não ter. Além disso, eles provavelmente têm uma história própria de luto para contar.

18 de agosto

"A vida não fica mais fácil nem mais tolerante. Ficamos mais fortes e mais resilientes."

— STEVE MARABOLI

Sobre viver o luto

Existe um mito que diz que "o tempo cura todas as feridas", como se a perda do ente querido ficasse mais fácil de lidar depois que um tempo suficiente passasse. Na realidade, a vida após a perda de um ente querido não fica mais fácil nem menos dolorosa. Em vez disso, aprendemos a administrar o sofrimento e enfrentar o luto quando ele chegar. A ilusão é achar que finalmente alcançamos uma vida com menos luto. A verdade é que a mesma quantidade de luto vai estar presente, apenas conseguimos nos adaptar melhor a ele.

19 de agosto

Identifique um punhado de "pontos de acesso" para o seu luto: filmes, músicas, cheiros, vídeos do YouTube e assim por diante. Devem ser estímulos que desencadeiam emoções que ativam a morte. Sempre que você estiver se sentindo travado ou perceber que não se permitiu expressar o luto há algum tempo, acesse essas fontes para desbloqueá-lo. Meu "ponto de acesso" preferido é o filme *A mocidade é assim mesmo,* de 1944. No final do filme, a mãe de *Velvet* diz a ela que "Há uma hora para tudo, até mesmo para morrer". Ouvir essa sabedoria suave transmitida de mãe para filha abre as comportas para mim, e não importa quanto tempo tenha se passado desde que vivenciei o luto, me permito acessar minhas emoções várias vezes.

20 de agosto

"Não acredito que o sofrimento puro ensine alguma coisa. Se o sofrimento sozinho ensinasse, o mundo inteiro seria sábio,

Shelby Forsythia

já que todo mundo sofre. Ao sofrimento devemos adicionar o luto, a compreensão, a paciência, o amor, a franqueza e a vontade de permanecer vulnerável."
— ANNE MORROW LINDBERGH

Por si só, o sofrimento não é um caminho para o autoaperfeiçoamento. Quem pensa que vivenciar a morte de um ente querido automaticamente o torna mais forte, melhor ou mais iluminado está muito enganado. Para nos ajudar de alguma forma, o sofrimento deve ser combinado com outra coisa: significado, propósito, perspectiva e amor. O sofrimento não significa iluminação. É o que acrescentamos ao sofrimento que conta.

21 de agosto

Depois da perda, é normal se sentir sobrecarregado e procurar um ouvido solidário. Mas, às vezes, nos preocupamos de ser um fardo emocional para amigos e parentes. Para aliviar essa apreensão, desenvolva um pequeno roteiro para pedir permissão antes de reclamar com alguém. Antes de começar a história do seu dia terrível, conte ao amigo/parente: "Tive um dia muito difícil e ficaria muito grato por um espaço para desabafar. Agora é um bom momento para enviar mensagens de texto/ligar/bater um papo? Se não for, sem pressão. Posso falar com você amanhã no trabalho/na próxima semana durante um cafezinho/por e-mail". Permitir que o amigo ou parente tenha a oportunidade de escapar pode ajudá-los a sentir que eles não estão ouvindo todo o seu luto do nada e vai lhe assegurar que, quando eles estiverem disponíveis, realmente estarão com tempo e espaço para ouvir.

Sobre viver o luto

22 de agosto

"Descobri que sempre existe alguma beleza — na natureza, na luz do sol, na liberdade, em você mesmo; tudo isso pode ajudar."
— ANNE FRANK

Às vezes, é difícil ver a beleza na vida após a perda, mas olhe ao redor. De toda a sua vida, existe um por cento que seja bonito? Se não existir, que tal 0,01 por cento ou 0,001 por cento? Qualquer pingo de beleza que você vir vai ajudá-la a encontrar o caminho de volta até você após a morte de um ente querido. Comece visualizando o sorriso ou o espírito da pessoa que se foi. Essa é uma fonte de beleza.

23 de agosto

Feche os olhos, respire fundo e reabra-os. O que é lindo ao seu redor? É uma planta na sua mesa, uma nuvem lá fora ou uma fotografia na sua cômoda? Mesmo na escuridão do luto, você está cercado de beleza. Se estiver se esforçando para encontrar alguma coisa bonita, primeiro pratique observando. Simplesmente veja que um objeto existe. Quando estiver pronto, comece a descrever como o objeto é bonito: "Gosto muito de como as pétalas refletem a luz", "Aquela nuvem tem a forma do meu animal preferido", "O sorriso dela nessa foto sempre me faz rir". Depois, quando estiver pronto, classifique mental ou verbalmente o objeto como bonito: "Uau. Isso é lindo". Se ainda for muito difícil, tente dizer: "Aposto que isso é lindo" ou "Eu sei que vou achar isso lindo um dia".

Shelby Forsythia

24 de agosto

"O luto é a iniciação mais profunda nos mistérios da vida
humana, uma iniciação mais perspicaz e profunda até mesmo
do que o amor feliz."
— DEAN INGE

Vivenciar o luto é se juntar às fileiras "daqueles que já se foram".
Todos os que já viveram, de alguma forma, passaram pelo luto,
e alguém vai passar pelo luto por causa deles. A morte nos leva
à estratosfera da busca e, na busca por respostas sobre a perda
do ente querido, entendemos que a raça humana está buscando,
buscando e buscando há muito tempo. É normal se perguntar
sobre o significado da perda e questionar por que a morte existe.
Ao procurar respostas sobre a morte do ente querido, saiba que
você não está sozinho. Sua experiência é compartilhada por
muitas pessoas.

25 de agosto

De vez em quando, ouço uma história sobre uma pessoa enlutada que visitou um médium em busca de respostas sobre o ente
querido. Minha crença em relação aos médiuns tem dois lados — já
fui enganada e já fui agradavelmente surpreendida —, então não
vou lhe dizer o que fazer com seu tempo nem com seu dinheiro.
O que vou lhe dizer é que, se você está pensando em visitar um
médium, intuitivo ou leitor de futuro local, faça uma pesquisa
detalhada. Peça recomendações a amigos e parentes, pesquise
listas de pessoas on-line e veja se há uma sessão reduzida ou

Sobre viver o luto

um evento em grupo do qual possa participar antes de gastar dinheiro com uma sessão individual. Participe da sessão com a mente aberta e esteja receptivo ao que dizem. Se não se sentir à vontade, saiba que, como cliente e consumidor pagante, você tem permissão para sair da sessão a qualquer momento. Faça anotações, se puder, ou grave a sessão. Você pode querer revisitá-la mais tarde.

26 de agosto

"O luto salta sobre você quando menos se espera."
— DOMINIC COOPER

Todo enlutado sabe que o luto é ótimo em surgir nos momentos mais inesperados do nosso dia. (Certa vez, fugi de uma loja de departamentos porque a mulher que estava à minha frente na fila do caixa se parecia muito com a minha mãe.) Não há como adivinhar quando o luto vai chegar. Se você se sentir pego de surpresa, não está sozinho. Ele pega todas as pessoas enlutadas de surpresa.

27 de agosto

Se você dividia a casa com a pessoa que morreu, conhece a agonia de continuar a receber assinaturas de revistas e correspondências endereçadas ao ente querido. Todos esses papéis podem ser enormes gatilhos para o luto e fazer você girar em torno da dor de forma repentina. Durante um mês, coloque em uma pilha todas as correspondências indesejadas que você receber que estejam no nome da pessoa que se foi. Em seguida, no fim desse mês, faça uma lista com todos os nomes e números de telefone dos remetentes. (Se um número de telefone não estiver listado na própria correspondência, é possível encontrar informações de contato fazendo uma rápida pesquisa no Google.) Quando tiver todos os números de telefone prontos, vá passando pela lista, ligando para cada remetente para solicitar o cancelamento da inscrição do seu ente querido na lista de mala direta. Se avisar a desconhecidos que a pessoa morreu for demais para você, terceirize essa tarefa para um amigo ou parente. É uma tarefa fácil para qualquer um que lhe disser: "Avise se houver alguma coisa que eu possa fazer".

28 de agosto

"A perda não tem data de validade."
— EMILY MCDOWELL E DRA. KELSEY CROWE

O luto tem uma vida útil infinita. Ele nunca vai acabar nem estragar. Ele existe ao nosso lado pelo resto da vida. A boa notícia é que não há melhor ou pior momento para começar a processar o luto. Como ele nunca expira, você pode mergulhar nele a qualquer momento. A notícia não tão boa é que precisa encontrar espaço para o luto na sua despensa figurativa a cada estação da vida. É como aquele grande e velho saco de arroz que é arrastado de casa em casa toda vez que você se muda. Não é empolgante e certamente não é moderno nem divertido, mas é um elemento básico e uma necessidade do mesmo jeito.

Sobre viver o luto

29 de agosto

Uma das experiências mais dolorosas que meus clientes relatam é que ninguém ao redor diz o nome do ente querido após a morte. É como se o mundo quisesse se esquecer de bom grado e houvesse um medo muito real de que a pessoa fosse apagada da vida. Nesses casos, lembro aos meus clientes que eles precisam levar amigos e parentes a dizerem o nome de seus entes queridos. Se você quiser que as pessoas ao seu redor falem o nome de quem se foi, faça uma pergunta como: "Olhe só essa foto que encontrei de (nome do ente querido). Você pode contar a história do que aconteceu nesse dia?". Pedir uma história em vez de exigir que o nome do ente querido seja falado é um jeito mais delicado de levar o nome dele à boca de outras pessoas. Além disso, quando você fala o nome, oferece para as outras pessoas a permissão de fazer o mesmo; eles vão entender que é algo que você quer, não algo que o deixa incomodado.

30 de agosto

"Talvez o luto não seja vazio, mas pleno. O fôlego completo da vida que inclui a morte. A plenitude, os ciclos, a profundidade, a riqueza, o processo, a continuidade e o tesouro do momento que se vão no segundo em que você se dá conta disso."
— ALYSIA REINER

Existe uma ilusão de que o luto é um nada, um vazio ou um abismo no qual vive tudo que é terrível, sombrio e doloroso. Quanto mais

Shelby Forsythia

tempo passo com o meu luto, mais entendo que é uma riqueza, um dos "níveis de especialista" da vida que desbloqueamos quando alguém que amamos muito morre. Reconhecer que a morte faz parte da vida dá peso e dimensão ao cotidiano — um conhecimento belo e triste de que nada dura para sempre. Uma vida com o luto não é uma maldição; é um lembrete para valorizar as coisas que amamos, porque um dia nós também vamos embora.

31 de agosto

Considere pedir a outro enlutado para ser seu amigo por correspondência. Existe algo de especial em escrever e receber uma carta manuscrita. Compartilhar seus pensamentos sobre a vida após a perda com outra pessoa que também está passando por isso pode ser algo que gera uma cura profunda. Encontre um amigo por correspondência para se conectar pesquisando "amigo por correspondência" no Google ou entrando em contato com alguém cuja história de luto faz sentido para você em um grupo de apoio on-line ou presencial. Veja se consegue ampliar as fronteiras e se conectar com uma pessoa enlutada de outra raça, gênero, religião, geração ou nacionalidade. Se sentir vontade, acrescente em suas correspondências adesivos, rabiscos ou uma foto do ente querido.

1º de setembro

"O que eles nunca falam sobre o luto é que sentir saudade de alguém é a parte simples."

— GAIL CALDWELL

Uma grande parte do luto é a pessoa ansiar pelo ente querido que se foi, além de sentir saudade física e emocional dele. Mas na verdade o luto significa muito mais do que isso. Ele envolve tudo o que levou à morte (sua vida e nossas lembranças com a pessoa) e tudo o que vem depois dela (a vida que agora somos obrigados a viver sem ela). Sentir saudade de alguém é a raiz do luto, mas não significa tudo. O luto tem diversas camadas, e nós, como enlutados, temos a tarefa de removê-las de forma progressiva.

2 de setembro

Uma das partes mais difíceis do luto é ter que vasculhar os pertences de um ente querido e decidir o que guardar e o que jogar fora. A morte tende a, naturalmente, aumentar o apego às posses do ente querido. É tentador você querer guardar tudo, porque a pessoa amada nunca vai tocar, usar ou possuir uma coisa nova. Também é tentador queimar tudo para não ter que enfrentar a dor de decidir o que vai acontecer com aqueles pertences. Quando você começar a se deparar com essa tarefa difícil, tente o seguinte: ajuste o cronômetro para dez minutos. Depois de dez minutos de lembranças e decisões, verifique como está se sentindo. Quer continuar? Quer parar por hoje? Você decide. Se decidir continuar, ajuste o cronômetro para mais dez minutos e continue se avaliando emocionalmente durante todo o processo. Se decidir não continuar, agradeça a si mesmo por realizar o máximo possível nesse momento e tente de novo em outra hora. Não tem o menor problema se essa parte do luto demorar muito.

Shelby Forsythia

3 de setembro

"O luto é um monstro muito complicado. Não existe nenhum jeito real de exorcizá-lo. Ele tem uma forma diferente a cada dia."

— YANCE FORD

Um dos meus clientes se referiu ao luto como um metamorfo, e não consigo pensar em um jeito melhor de descrevê-lo. A cada dia, o luto se transforma em uma coisa diferente, como se cada 24 horas revelasse uma nova característica da perda que ainda não tínhamos visto. As pessoas que nunca passaram pela morte pensam que o luto tem a ver com lidar com grandes emoções, e isso é parcialmente verdadeiro. Mas também tem a ver com aprender a lidar com os socos — a natureza inesperada e mutante da vida após a perda.

4 de setembro

Embora seja mais fácil e mais conveniente enviar um cheque ou fazer uma doação on-line, considere comparecer a um evento de caridade. Pode ser uma caminhada de cinco quilômetros, um leilão silencioso ou um jantar para arrecadação de fundos. A maioria das pessoas começa a fazer parte de instituições de caridade porque está envolvida na causa que elas defendem. Portanto, as chances de se conectar com alguém com uma história de luto são muito expressivas. Apresentar-se como recém-chegado e perguntar: "O que o trouxe a esta instituição de caridade?" é um ótimo jeito de quebrar o gelo. Se estiver procurando um evento

Sobre viver o luto

para participar, pergunte para saber quais instituições de caridade seus parentes e amigos abraçam. Ou faça uma pesquisa no Google por instituições de caridade locais que apoiam uma causa que você defende.

5 de setembro

"Ela não estava mais brigando contra o luto, mas poderia se sentar com ele como um companheiro constante e fazê-lo participar dos seus pensamentos."
— GEORGE ELIOT

Essa é uma das minhas citações preferidas sobre o luto, porque retrata-o como um companheiro constante. Existe alguma coisa gentil e reconfortante em ver o luto como um parceiro colaborativo. (É uma reviravolta drástica na percepção da sociedade sobre o luto como um inimigo a ser vencido.) Quando paramos de brigar contra ele ou de insistir para que desapareça, podemos recebê-lo como um companheiro e colaborar para que nos apoie enquanto avançamos.

6 de setembro

Escreva uma carta do seu eu futuro para si mesmo, honrando a jornada na qual o luto o acompanhou. Imagine-se seis meses, um, cinco ou dez anos no futuro, olhando para quem você era lá trás e para quem é agora. O que mais gostaria de dizer para a pessoa que você é hoje? Do que se orgulha? O que parece enorme

Shelby Forsythia

e intransponível agora que seu eu futuro vê de forma diferente? Como seu luto mudou na forma, no tamanho e na expressão? Quais foram suas conquistas realizadas após a perda e que gostaria de agradecer a si mesmo? Essas cartas podem ir para qualquer direção que quiser. Um tema recorrente que percebo em meus clientes e que pode ser útil para você é o seguinte: nossos eus futuros sabem que o lugar em que estamos agora não é onde estaremos presos para sempre. E ter esperança de que isso vai passar, mesmo que seja de um eu futuro imaginado, é algo incrivelmente poderoso.

7 de setembro

"A queda não é a parte difícil... O fundo do poço não é a parte difícil... Eu não conseguia acreditar. Percebi, com uma certeza avassaladora, que a parte difícil era o retorno, porque o retorno exigia que eu fizesse sempre a escolha de voltar, a cada momento de cada dia."
— STEPHENIE ZAMORA

Você pode perceber rapidamente, após a morte de um ente querido, que o dia da morte não é a parte mais difícil. Pode ser o pior dia da sua vida, mas não é a parte mais difícil. O mais complicado é voltar à vida. Porque, embora você não tivesse nenhuma voz na morte do ente querido, tem voz na sua própria vida. E escolher viver depois que alguém que você ama morreu é uma das escolhas mais difíceis que fazemos. Tudo bem se a vida após a perda parecer mais uma luta do que o dia em que o ente querido morreu, porque geralmente é.

Sobre viver o luto

8 de setembro

Usar objetos visuais para marcar o tempo é um jeito comum de os enlutados se encorajarem a viver depois que um ente querido morre. Considere fazer uma corrente de papel com 31 elos que representam os dias do mês. Todo dia de manhã, assim que acordar, ou toda noite antes de dormir, arranque um elo e diga: "Passei por mais um dia". Repita esse processo quantas vezes quiser para se encorajar a continuar vivendo após a perda. Você também pode tentar o contrário: começar com um elo de papel e adicionar um novo todo dia durante o mês. Pode ser angustiante ver o tempo passar, elo a elo, sem o ente querido ao seu lado, mas também é um jeito tangível de lembrar que você é capaz de seguir em frente e sobreviver em um momento em que isso parece impossível.

9 de setembro

"Quando compartilhamos o luto e a dor uns dos outros, nós as amenizamos. Ou talvez apenas damos permissão uns aos outros para sentir isso de um jeito pleno e, por meio desse ato de aceitação, o luto se torna mais suportável. Porque, assim como a chuva, as lágrimas também têm fim. E, no caso de emoções profundas, estamos abertos uns para os outros de maneiras inesperadas."

— KARPOV KINRADE

O luto compartilhado é o mais leve. Ao compartilharmos nossa história de perda com outras pessoas, quer simplesmente falemos o nome do ente querido ou nos conectemos com sua memória em um nível profundo, mudamos de "Eu, e somente eu, estou carregando isso" para "Estamos carregando isso juntos". É um alívio ser visto por outra pessoa e saber que ela me entende.

10 de setembro

Se você for como eu, foi criado para escrever bilhetes de agradecimento quando recebia um agrado. O luto envolve receber muitas coisas, então parece que você está se afogando em um mar de agradecimentos que precisam ser escritos. Se a ideia de escrever bilhetes é opressiva, tente mandar um agradecimento tradicional. Envie um cartão-postal com uma ilustração, reaproveite as flores do velório, anexe uma foto do ente querido a um e-mail e inclua seus dizeres ou grave uma mensagem de voz ou vídeo com um "agradecimento genérico", enviando para todos que contribuíram de alguma forma. Ou desista das notas de agradecimento por enquanto, pelo menos nos primeiros seis meses ou mais após a perda; amigos e parentes entenderão se você não enviar um agradecimento personalizado por eles terem levado uma caçarola quando seu ente querido morreu.

11 de setembro

"O luto muda de forma, mas nunca acaba."
— KEANU REEVES

Ao longo da vida, o luto se torna menor e maior, mais amplo e mais profundo, mais redondo e mais afiado, mais claro e mais nublado, mais leve e mais sombrio. O luto é sazonal, assim como nós. Há épocas em que é mais ruidoso, como tivesse aumentado o volume; há outras em que é silencioso, como se estivesse de férias. Porém, o luto nunca acaba. Ele continua e nos faz companhia do seu jeito.

12 de setembro

Na próxima vez que interagir com alguém mais velho, pergunte a essa pessoa sobre o luto. Idosos, veteranos e avós quase sempre têm alguma sabedoria sobre o luto para compartilhar. Comece a conversa dizendo: "Perdi meu (inserir relacionamento) há pouco tempo. Você pode me contar sobre uma época em que teve uma grande perda?". Depois, escute essa pessoa. Se a perda tiver acontecido há muito tempo, observe como o luto permanece com ela até hoje e como ela o conduz agora, depois de anos. Essa pessoa mais velha pode servir de modelo de como você gostaria que seu luto fosse daqui a dez, vinte ou trinta anos, e pode ajudar a reafirmar que, embora o luto persista, não é severo para sempre. Se convive com poucas pessoas mais velhas, dê uma olhada no site norte-americano do 20-20 Grief Project (Projeto Luto 20-20 - 2020griefproject.com), que apresenta entrevistas com pessoas que olham para trás depois de vinte anos de luto por uma perda.

13 de setembro

"A reação mais comum à perda é uma incapacidade de se concentrar."

— RUSSELL FRIEDMAN E JOHN W. JAMES

Se sentir que está com dificuldade para se concentrar nas suas coisas após a morte do ente querido, saiba que você não está sozinho. Nosso cérebro reage à morte mudando para o "modo de sobrevivência", por isso tarefas pesadas que exigem muito raciocínio, como ler uma pilha de papéis, ter uma conversa profunda ou participar de uma reunião de uma hora, muitas vezes, estão além da nossa capacidade — pelo menos por certo tempinho. Se perceber que está "saindo do ar" de vez em quando, respire fundo e saiba que não há nada de errado com você nem com o seu cérebro; você só está de luto.

14 de setembro

Recrute parentes, amigos, colegas de trabalho e vizinhos para mantê-lo centrado na vida após a perda de alguém querido. Por exemplo, quando estiver conversando com um amigo e ele pedir para vocês se encontrarem de novo, diga alguma coisa como: "Estou tendo problemas para me lembrar de datas nos últimos tempos. Você pode me enviar uma mensagem amanhã e me lembrar de olhar a agenda, por favor?". Quando estiver se esforçando para estar presente na reunião da empresa, fale para o seu colega de trabalho: "Acho que sei o que devemos fazer, mas posso repetir para você para eu ter certeza de que entendi direito?". Se estiver prestando serviço de carona aos moradores de perto da sua casa, diga ao seu vizinho: "Acho que estou no serviço de carona na segunda-feira. É isso mesmo que diz a sua agenda?". Pedir para outras pessoas confirmarem essas coisas pode ajudá-lo a se firmar e a fixar seu foco em um momento em que está propenso a se perder.

Sobre viver o luto

15 de setembro

"O luto é uma borracha."
— GLENNON DOYLE

Quando alguém que amamos morre, o futuro que imaginamos com essa pessoa é totalmente apagado. Nossas esperanças, nossos sonhos e nossas expectativas de "como a vida deveria ser" saem voando pela janela, e um vazio toma o seu lugar. Ao vivenciar o luto pelo ente querido, devemos também sofrer o luto da nossa projeção do futuro. Isso não significa que seu futuro não terá sentido ou será vazio de agora em diante, mas devemos vivenciar o luto pelos sonhos antigos para abrir espaço para os novos, que foram forçados a existir por causa da perda.

16 de setembro

Pratique o luto de um sonho mantendo a experiência dele na sua mente e depois observando-o se dissolver aos poucos, como açúcar em água morna. Feche os olhos e imagine uma experiência futura que você achou que teria com seu ente querido. Pode ser um evento importante, como um casamento ou uma cena mais íntima, como sentar juntos na varanda de casa durante a velhice. Use todos os seus sentidos. O que você vê? O que ouve? Que sabor sente? Que cheiro sente? O que consegue tocar? Além disso, quem está com você? Onde você está? O que está vestindo? Qual é a época do ano? Pinte um quadro da cena. Saiba que não há problema em chorar durante esse exercício. Mantenha o sonho na sua mente por alguns minutos. Quando estiver pronto, respire bem fundo e, ao

Shelby Forsythia

expirar, observe o sonho desaparecer. O simples fato de o sonho ser só uma imagem na sua mente não torna a perda dele menos válida do que uma perda real e tangível. Volte a esse exercício sempre que precisar lamentar a morte de um sonho.

17 de setembro

"Luto não é esquecer... É desfazer. A cada minuto, um nó precisa ser desfeito e uma coisa permanente e valiosa precisa ser recuperada e absorvida do pó. O fim é um ganho, claro. Bem-aventurados os que vivenciam o luto, porque eles serão fortalecidos. Mas o processo é como todos os outros nascimentos humanos: doloroso, longo e perigoso."
— MARGERY ALLINGHAM

Existe uma expectativa de que o processo de luto pode ser acelerado, desacelerado ou até mesmo concluído. Na realidade, sofremos o luto enquanto vivemos, e ele muda com o tempo. Não podemos estalar os dedos e fazer o luto acabar. É um processo contínuo, como lavar, dobrar e guardar uma pilha de roupa suja. À medida que crescemos, aprendemos e mudamos, novas roupas são adicionadas à pilha, itens surrados são remendados com linha nova e peças especiais preciosas recebem um tratamento ainda mais delicado.

18 de setembro

Tive uma cliente que comparou a integração do luto ao ato de fazer uma massa de pastel. Exige tempo para combinar os ingredientes,

Sobre viver o luto

requer trabalho, prática e foco na tarefa. Pense em cozinhar ou assar alguma coisa para lidar com o seu luto. Sopas e guisados saudáveis e reconfortantes que precisam de tempo para cozinhar podem lembrá-lo que não existe perda de tempo no luto; a integração está acontecendo quer você esteja "mexendo a panela" ou não. Belos assados podem lembrá-lo de que a prática, e não o perfeccionismo, é a chave para "acertar". E receitas infalíveis, como pratos de macarrão e saladas, podem lembrá-lo de continuar testando; não há um jeito certo de viver o luto. Veja os paralelos que você consegue traçar para o luto na cozinha — e se alimente ao longo do processo.

19 de setembro

"A aceitação só pede que você abrace a verdade."
— CHERYL STRAYED

Aceitar não é gostar de uma situação, é reconhecer que o que aconteceu de fato aconteceu e que as circunstâncias não podem ser alteradas. Nunca vou pedir que você goste ou seja grato pela morte do seu ente querido — isso é impróprio e impossível. O que vou pedir é que aceite a morte como uma realidade e responda à pergunta: "Já que a morte é um fato, como prosseguir?". A aceitação não é o estágio final do luto: é o começo da entrada na vida após a perda.

20 de setembro

Assim como o luto não acontece de uma vez, a aceitação também não. Ainda mais se você estiver no primeiro ano do luto, aceitar o que aconteceu como um fato pode ser bem difícil. Se disser as palavras "Aceito a morte do meu ente querido como verdade" for difícil para você, tente "Estou começando a aceitar que a morte do meu ente querido é real" ou "Um dia, quero aceitar isso com todo o meu coração" ou "Em algum momento, vou conseguir aceitar a morte do meu ente querido". Enquadrar a aceitação como um evento futuro em vez de uma pressão atual pode ajudá-lo a diminuir a ansiedade de aceitar logo o luto e seguir em frente. Permita que a aceitação aconteça de acordo com o seu cronograma.

21 de setembro

"O luto é como o oceano. Ele surge em ondas, indo e vindo. Às vezes, a água está calma e, às vezes, está opressora. Tudo o que podemos fazer é aprender a nadar."

— VICKI GARRISON

Você se sente como se tivesse sido jogado no meio do oceano sem um colete salva-vidas? Pois saiba que não está sozinho. Embora possamos compreender de maneira racional a experiência do luto, não a entendemos de verdade até que estejamos vivenciando e passando por ele E, infelizmente, "entender" se parece muito com "ficar se debatendo no meio do oceano", aprendendo a nadar quando nunca tínhamos nadado na vida. É uma prova de fogo e, muitas vezes, muito opressora. Ninguém vive bem o luto no início, e isso é natural. Isso significa que, aos poucos, aprendemos a nadar e, felizmente, acabamos conhecendo outras pessoas que fazem o nado estilo cachorrinho da tristeza conosco no grande e vasto oceano.

Sobre viver o luto

22 de setembro

Depois da perda, é tentador nos convencermos de que estamos mal na vida, porque não estamos vivenciando o luto com perfeição. Quando sentir que está fracassando no luto, pratique algo que você sabe, sem sombra de dúvida, que faz bem feito. Pode ser uma atividade criativa, como desenhar, dançar ou tocar um instrumento, mas também pode ser uma tarefa prática, como descarregar e recarregar a máquina de lavar louça com maestria, organizar o orçamento da família ou fazer um conserto necessário no carro. O que seus amigos e parentes dizem que você faz melhor? Por qual motivo seus colegas de trabalho o admiram? O que é mais fácil para você? Ao se recuperar da perda do ente querido, confie nessas habilidades para se lembrar de que, mesmo em meio à perda, você é mais do que competente.

23 de setembro

"A morte não é o oposto da vida, mas uma parte dela."
— HARUKI MURAKAMI

Especialmente na sociedade ocidentalizada, há uma narrativa tóxica que iguala a morte ao fracasso, à punição e à negatividade. Morte = ruim; vida = bom. Encaramos a morte como um fracasso em vencer uma doença ou um diagnóstico, punimos os transgressores com a morte e vendemos e comercializamos maneiras de prolongar a vida por meio de exercícios, dietas e medicamentos. No entanto, a morte é entrelaçada à vida, assim como o nascimento é entrelaçado à vida. Quando envolvemos a morte na existência, somos

Shelby Forsythia

capazes de vê-la como uma experiência normal que acontece, em vez de torná-la adversária da vida e em vez de achar que ela é um pesadelo terrível jogado sobre nós por uma força maligna. A morte não é um fracasso da vida; é uma ocorrência natural costurada na nossa vida.

24 de setembro

Você pode ajudar a normalizar a morte como uma ocorrência natural procurando sinais de morte ao seu redor. Ao caminhar ao ar livre, observe as flores murchando, as folhas caindo das árvores e os restos de pequenos animais que morreram, como pássaros e esquilos. Observe quando as empresas fecham as janelas, os carros enferrujam e as luzes da rua se apagam. Essas são pequenas mortes, de certa forma, e podem ajudá-lo a se lembrar de que nem tudo é brilhante, vibrante e pulsante o tempo todo. A morte faz parte da vida e está integrada ao cotidiano.

25 de setembro

"Você tem que amar. Você tem que sentir. Esse é o motivo pelo qual você está aqui na terra. Você está aqui para colocar seu coração em risco."
— LOUISE ERDRICH

Embora o entorpecimento seja uma das primeiras experiências que os enlutados têm após a perda de um ente querido, algumas pessoas em luto optam por adotá-lo por muito tempo — usando-o

Sobre viver o luto

para amenizar a dor da perda, como também para a alegria e a conexão do amor. Pode ser tentador usar o entorpecimento para se proteger da tristeza, mas você logo vai descobrir que o amor também está bloqueado. Quando se sentir letárgico, se permita voltar ao mundo — um mundo que contém uma dor de partir o coração, sim, mas também um amor que conserta o coração.

26 de setembro

Quando não conseguimos definir emoções com palavras, pode ser útil defini-las com sentimentos. Na próxima vez que você estiver lutando contra uma emoção intensa que não consegue identificar, feche os olhos e se pergunte: "Onde estou sentindo essa emoção no meu corpo? Essa emoção tem temperatura, peso ou textura? Existe alguma dor associada a essa emoção? Se houver, de que tipo (por exemplo, aguda, arranhada, rasgada, latejada)?". Em seguida, permita-se sentir e absorver totalmente as sensações corporais dessa emoção. Permitir que você sinta e perceba a emoção ajuda a digeri-la e liberá-la do corpo para que uma emoção diferente tome o seu lugar. Você pode não saber como é a sensação da raiva após a perda, mas com certeza pode focar "naquela sensação aguda de queimação na base do crânio".

27 de setembro

"E, assim que a tempestade passar, você não vai se lembrar de como passou por tudo aquilo, de como conseguiu sobreviver. Você nem mesmo vai ter certeza se a tempestade acabou de fato. Mas uma coisa é certa: quando sair da tempestade, não será a mesma pessoa que entrou nela."

— HARUKI MURAKAMI

Você não precisa ser a mesma pessoa que era antes da perda. Na verdade, é impossível ser essa mesma pessoa. Quem você é agora é alguém que viu, conheceu e vivenciou de todo coração a perda de um ente querido que mudou sua vida. Esse fato em si é motivo suficiente para você ter mudado. Libere a pressão de manter os mesmos hábitos, traços de personalidade, preferências e comportamentos do seu antigo eu. A perda fez com que eles não pudessem acompanhar você — e tudo bem.

28 de setembro

Quase todas as pessoas que já viveram o luto podem definir alguma coisa de que sentem falta no seu antigo eu. Sinto falta da minha energia infinita. Depois da morte da minha mãe, descobri que eu precisava fazer pausas e descansar mais do que antes. Tive que viver o luto do meu eu de 21 anos, a jovem com energia e entusiasmo ilimitados. Alguns dias, ainda faço isso. Na próxima vez que você estiver escrevendo em um diário, tente identificar uma característica do seu antigo eu da qual sente falta e se permita viver o luto por isso. Por exemplo, "Hoje, sinto falta da minha crença de que os mocinhos sempre ganham", "Hoje, sinto falta da minha capacidade de fazer contas rápidas de cabeça", "Hoje, sinto falta do meu hábito de acordar às cinco da manhã em ponto". Dê a si mesmo a permissão para lamentar a pessoa que você não é mais. Seu antigo eu também é considerado uma perda.

Sobre viver o luto

29 de setembro

"Quando perdemos pessoas que amamos, não lamentamos o passado — lamentamos os amanhãs não vividos. Lamentamos a perda de pessoas que nos conheciam profundamente e nos amavam mesmo assim e lembranças que nunca serão criadas."
— JAMES RUSSELL LINGERFELT

Vou admitir: é difícil criar, construir e manter relacionamentos com pessoas que conhecem todos os seus lados e os amam mesmo assim. Nem todos do seu círculo são a sua "pessoa". E quando você perde alguém, especialmente a sua "pessoa", pode parecer que você nunca mais vai voltar a ter outra. Existe o luto pela vida do ente querido, com certeza, mas também existe o luto pela conexão profunda e íntima que vocês dois compartilhavam. Seu relacionamento era especial, e vale a pena viver o luto por ele.

30 de setembro

Às vezes, pode ser muito doloroso participar de uma atividade que você e seu ente querido faziam juntos, e isso faz todo sentido após a perda. Mas pense no seguinte: participar dessa atividade também pode desencadear lembranças felizes do ente querido. Comece fazendo uma pequena atividade que vocês dois costumavam fazer juntos — ir à cafeteria para comer um sanduíche clássico aos sábados de manhã e ler o jornal, por exemplo. Respire fundo e veja em quais lembranças pode se apoiar enquanto estiver lá. Fique tranquilo, pois você pode ir para casa quando quiser. Leve todo o tempo de que precisa, vá progredindo para atividades cada vez maiores:

Shelby Forsythia

jantar fora, ir a shows, visitar parentes ou amigos, tirar férias de uma semana. À medida que aumenta sua tolerância emocional a lugares e espaços que deveria habitar com o ente querido, você pode começar a perceber lembranças positivas dele em todos os lugares.

1º de outubro

"A crença de que uma pessoa só pode e só deve viver o luto por um acontecimento triste de cada vez é uma estimativa perturbadora da nossa capacidade emocional."
— JENNIFER ARMINTROUT

É um choque para alguns enlutados o fato de que podem sentir mais de uma emoção ao mesmo tempo. Quer eles nunca tenham tido uma experiência tão complicada ou tão complexa quanto o luto ou não acreditavam que isso fosse possível, eles aprendem rapidamente que as emoções podem vir em pares, em trigêmeos ou até mesmo em um tsunami. Aqueles que já sentiram mais de uma emoção ao mesmo tempo sabem o que é oscilar de um jeito descontrolado entre um ataque violento de emoções. Console-se com o conhecimento de que você e suas emoções existem em camadas, assim como seu luto. Está tudo bem — na verdade, é absolutamente humano — sentir mais de uma emoção por vez.

2 de outubro

Uma modalidade muito útil para desbloquear o luto é o trata-mento não verbal, durante o qual você não precisa expressar suas emoções em palavras, só senti-las. Tratamentos corporais, como Reiki, massagem e acupuntura são oportunidades para receber um cuidado sem precisar falar. Quando marcar uma sessão, diga ao profissional que está passando por momentos difíceis e que seria um alívio adicional se você fechasse os olhos e se perdesse em pensamentos durante o tratamento. A maioria desses profissionais fica bem feliz de fazer seu trabalho ao mesmo tempo em que lhe permite ter espaço mental e emocional. Ao receber o tratamento, se concentre na sensação de estar focado e sendo cuidado e veja se consegue imaginar a sua cura na presença do profissional.

3 de outubro

"A maioria das pessoas é analfabeta na linguagem do luto."
— NORA MCINERNY

Costumo brincar: "Nem todo mundo sabe o que fazer comigo" e aposto que isso também se aplica a você. Não é que seus amigos e parentes não o amem nem queiram ajudar, é que eles não conhecem a linguagem do luto. Pode ser verdade que todos estejam fazendo tudo o que podem para entendê-lo e apoiá-lo, mas nem tudo ajuda. Em dias como esse, lembre-se de que você não está sozinho; todos que já vivenciaram o luto sabem o que é estar no seu lugar.

4 de outubro

O anonimato se torna um tipo esquisito de luxo após a morte de um ente querido. Experimente visitar um lugar cheio de gente, mas no qual ninguém o conhece, como um parque temático, um cinema, um museu ou o mercado rural de uma cidade vizinha. Estar em um espaço em que ninguém conhece você nem sua história de luto pode ser um lembrete reconfortante de que a perda não é toda a sua identidade e que você não precisa divulgar sua história para todo mundo. Às vezes, é normal querer manter seu luto escondido sob a superfície.

5 de outubro

"As pessoas que você ama se tornam fantasmas dentro de você, e assim você os mantém vivos."
— ROBERT MONTGOMERY

Quando alguém que amamos morre, guardamos a lembrança dentro de nós. Embora não possamos estar com seu corpo físico, sua presença vive na nossa mente, coração e no espírito. Nós o mantemos vivo por meio de pensamentos e ações e os honramos lembrando e celebrando quem ele foi para nós. Jamais poderemos nos esquecer da pessoa amada; ele é uma parte permanente de nós.

6 de outubro

Um jeito divertido de manter seu ente querido vivo em espírito é buscar alguma coisa que ele amava e incorporar o entusiasmo dele no seu corpo. Por exemplo, se a pessoa gostava de pássaros, abra um de seus livros sobre o assunto e veja quais pássaros coloridos você consegue ver. Se o ente querido não conseguia parar de ler

Sobre viver o luto

romances, escolha um e finja que está vivenciando a história. Se ele adorava consertar motocicletas, faça um curso e finja que ele está lhe ensinando uma nova habilidade. O objetivo de se dedicar a uma atividade que seu ente querido apreciava não é ser bom nela, mas ver se você consegue descobrir a alegria que ele extraía dessa atividade. Isso pode ajudá-lo a se sentir conectado à pessoa que se foi e a ver um pouco mais do que ela viu durante a vida.

7 de outubro

"Já foi dito que 'o tempo cura todas as feridas'. Não concordo. As feridas permanecem. Com o tempo, a mente, protegendo a própria sanidade, cobre-as com tecido cicatricial e a dor diminui. Mas elas nunca desaparecem."
— ROSE FITZGERALD KENNEDY

Se você estiver procurando um fim para o luto ou uma remoção completa dele da sua vida, boa sorte. Ainda estou para encontrar uma pessoa enlutada em qualquer momento da jornada que não esteja sofrendo com a morte do ente querido de alguma forma. O tempo é poderoso, mas não pode curar; ele só é capaz de nos permitir mais oportunidades de viver a vida sem o ente querido. A ferida se fecha, mas a cicatriz nunca desaparece.

8 de outubro

Quase todo mundo que vivencia o luto tem um sonho com o ente querido em um momento ou outro. Esses sonhos assumem todas

Shelby Forsythia

as formas, desde visitas suaves e alegres a flashbacks vívidos que induzem o pânico, passando até acontecimentos bizarros e tolos. Se você gostaria de ver seu ente querido com mais frequência nos sonhos, tente escrevê-los em um diário durante trinta dias. No momento em que acordar, ajuste um cronômetro para dez minutos e registre tudo de que você se lembra do sonho. Fazer isso aciona seu cérebro para reconhecer que está prestando atenção aos sonhos e, aos poucos, sua mente aprenderá a lhe fornecer mais foco e mais recordações assim que acordar. Se não consegue se lembrar do sonho ou sabe que não sonhou, simplesmente escreva: "Não sonhei na noite passada" e espere sonhar na próxima vez que dormir.

9 de outubro

"O luto e a resiliência vivem juntos."
— MICHELLE OBAMA

Antes da morte da minha mãe, eu era totalmente indiferente a histórias de resiliência e de como seguir com a vida depois que o pior acontecer. Após a morte dela, passei a devorar histórias de resiliência como se eu fosse uma criança comilona, mantendo sempre meus olhos e ouvidos atentos em busca de oportunidades para consumir cada vez mais e mais. Ansiava por provas de que outras pessoas ainda estavam de pé e, de alguma forma, tinham conseguido chegar ao outro lado da perda. Eu me alimentava com a esperança deles — na época, não tinha nenhuma — e aprendi que resiliência não é a cura para o luto; o luto e a resiliência vivem lado a lado.

Sobre viver o luto

10 de outubro

Muitos enlutados dizem que querem se curar, mas assim como o luto, a experiência de cura é única para cada pessoa. Sua definição de cura e a definição de cura de outra pessoa podem não ser iguais. Então, se pergunte: "O que significa cura para mim?". Por exemplo, um dos meus clientes disse: "A cura para mim é voltar a fazer conexões profundas com outras pessoas". Outro escreveu: "A cura para mim é sentir que tenho poder sobre o meu luto, não o contrário". No meu caso: "Para mim, a cura é voltar a ver as cores no mundo e conseguir me sentir genuinamente feliz com isso". Saber o que a cura significa para você pode ajudá-lo a definir metas em torno do luto e a contornar as que podem não ser adequadas. Você não pode se curar com os critérios de outra pessoa. Você decide o que a cura significa.

11 de outubro

"Costumava ter medo de que, se eu vivenciasse o luto, ele iria me inundar e não seria capaz de sobreviver a essa inundação, da qual, se eu realmente a sentisse, não conseguiria voltar a subir. O luto me ensinou que posso senti-lo e que ele não vai me engolir inteira."
— ELISABETH KÜBLER-ROSS

O luto nos leva ao limite das emoções, então faz sentido que muitas vezes pareça que ele vai literalmente nos matar ou nos incapacitar para sempre. Mas permitir a si mesmo se envolver com o luto, ainda que por cinco ou dez minutos de cada vez, nos ensina que

Shelby Forsythia

somos um pouco maiores do que ele. Podemos manter o luto no corpo, no coração e na mente sem morrer. Podemos afundar na lama das emoções difíceis... e permanecer de pé.

12 de outubro

Algumas pessoas tratam o trabalho de luto como um empreendimento tudo ou nada, dentro ou fora — como se a única maneira adequada de sofrer fosse mergulhar de cabeça e ficar lá. Mas você não precisa estar sempre de luto para processá-lo com eficácia. Tente dar ao luto pequenos períodos de cinco minutos ao dia. Ajuste um cronômetro, feche os olhos e se permita realmente sentir a dor, o sofrimento e a perda. Vá até o fim e deixe as emoções tomarem conta de você. Quando o cronômetro desligar, não comece uma nova tarefa. Reserve um momento para mexer os dedos dos pés e das mãos, abra os olhos bem devagar e sinta o corpo onde quer que ele esteja. Respire fundo, agradeça por ser capaz de "ir lá" e depois retome o seu dia. Praticar o luto dessa maneira pode ajudá-lo a mover as emoções ao redor dele sem se sentir completamente subjugado.

13 de outubro

"Libertar-se era uma coisa, reivindicar a propriedade desse 'eu' libertado era outra."
— TONI MORRISON

Há uma grande diferença entre viver a vida após a perda e se identificar como uma pessoa que está vivendo a vida após a perda.

Sobre viver o luto

Uma é uma ação, uma série de rotinas e movimentos; a outra é uma identidade, uma "tomada de posse" sincera da sua história. Quando você assume a identidade de uma pessoa que está vivendo a vida após a perda, reconhece o fato não apenas de que está de luto, mas também de que é uma pessoa enlutada que está permitindo que essa verdade penetre nos seus ossos.

14 de outubro

Seja sua própria líder de torcida na vida após a perda. Sempre que você se passar por um espelho ou vir seu reflexo em uma janela, diga a si mesmo: "Estou torcendo por você", "Tenho fé em você" ou "Estou ao seu lado". Essas frases pequenas e simples o ajudam a se reconhecer como uma pessoa enlutada e, ao mesmo tempo, a reconhecer que é seu próprio aliado nessa nova experiência. Ainda mais se estiver triste ou com medo, encontrar seus olhos no espelho e proferir a frase "Vamos superar isso juntos" é muito poderoso.

15 de outubro

"A coisa mais corajosa que já fiz foi continuar vivendo quando eu queria morrer."
— JULIETTE LEWIS

A vida após a perda pode ser sombria e desesperadora, e quase todos os que já vivenciaram o luto pensaram em tirar a própria vida de um jeito abstrato ou momentâneo. Muitas vezes, esse impulso não está enraizado em um desejo real de morrer. É mais uma sensação de "Se eu não acordasse amanhã, tudo bem". Se estiver se sentindo assim, saiba que não está sozinho. Você pode encontrar ajuda ligando para o CVV (Centro de Valorização da Vida) no número 188 ou entrando no site cvv.org.br para falar com um voluntário.

16 de outubro

Um jeito sorrateiro de se enganar para continuar a viver a vida depois que alguém que você ama morre é planejar um evento pelo qual ansiar. Pode ser uma coisa grandiosa, como um passeio de balão de ar quente, ou pequena, como uma ida ao cabeleireiro. Seja qual for o evento, deve ser algo que você considere exuberante, um agrado ou uma gratificação especial. Não transforme em algo que sente que "tem" que fazer e, definitivamente, não baseie isso na ideia de exuberância de outra pessoa. Deve ser uma coisa que você quer experimentar. Depois que o evento terminar, agende outro evento pelo qual ansiar e continue se encorajando a viver. Você pode não perceber agora, mas há muito pelo qual ansiar — mesmo que tenha que fabricar essa expectativa.

17 de outubro

"A perda é integrada, não superada."
— MEGAN DEVINE

Gosto de imaginar a vida como uma tapeçaria sendo tecida em um tear gigante. Quando um ente querido morre, é como se uma força

Sobre viver o luto

misteriosa acrescentasse um novo fio ao tear e o luto se entrelaçasse na nossa vida ao lado de tudo mais que estava acontecendo. A morte do ente querido se torna uma parte de quem somos, não uma parte de nós da qual estamos sempre tentando nos livrar. A vida após a perda parece uma integração, não uma eliminação.

18 de outubro

Depois da morte da minha mãe, eu me vi fazendo amigos e conexões que me lembravam dela. Não os procurei de propósito, mas percebi que muitas das pessoas com quem escolhi passar um tempo logo depois de sua morte tinham a mesma idade, altura, religião ou cor de cabelo. Claro, ninguém poderia ter substituído minha mãe na vida, mas estar perto de pessoas que expressavam suas características era reconfortante — e, assim que percebi a conexão, eu ri. Agora, quando faço uma nova amizade, tento encontrar um pedaço da minha mãe nessa pessoa. Veja se você consegue se cercar de pessoas que o façam lembrar física, emocional ou espiritualmente do ente querido. Você pode encontrar alguns vislumbres da pessoa nessa nova amizade.

19 de outubro

"Eu não sei o que diabos está acontecendo, e tudo bem."
— MARTHA BECK

Você sente que não tem controle sobre nada? Isso é normal. Quando alguém que amamos morre, perdemos a noção de controle e ordem.

Tudo — até mesmo uma coisa simples como levar o lixo para fora — pode parecer estranho e externo depois da perda. Quando estiver se sentindo louco, confuso e desorientado, saiba que não há nada de errado com você; essa experiência faz parte do luto.

20 de outubro

Precisamos que o mundo seja seguro e estável antes de realmente mergulharmos fundo no luto. Se você estiver adiando esse momento, olhe ao redor. Sua vida profissional é sólida? E sua vida doméstica, suas finanças, seus relacionamentos, sua saúde? Se algum desses parecer fora de controle, você pode não ser capaz de assumir a tarefa de um luto profundo agora. Conheci pessoas enlutadas que não se sentem prontas para fazer o trabalho do luto até dois, cinco ou mesmo dez anos após a morte do ente querido. E todas essas experiências funcionam. Dê a si mesmo permissão para entrar em uma rotina confortável na maioria das áreas da vida antes de explorar a profundidade da sua perda. Sua vida não precisa ser perfeita para você se envolver com a tristeza, mas deve parecer razoavelmente segura antes de mergulhar. Não há problema em adiar o luto por um tempo para fortalecer sua base.

21 de outubro

"O luto é caracterizado muito mais por ondas de sentimento que diminuem e reaparecem, é menos parecido com estágios e mais parecido com diferentes estados de sentimento."
— MEGHAN O'ROURKE

Não existe um jeito linear de sair do luto, e a vida após a perda não é um evento com uma linha de chegada. Embora você possa notar temas ou experiências recorrentes no seu luto, eles nem sempre aparecem em ordem, tampouco fazem sentido para o seu cérebro. O luto é mais como uma trilha em zigue-zague na montanha do que uma linha em um gráfico. É uma mistura de caminhos que sobem e descem, com algumas curvas. Saiba que não há problema em se sentir "de volta à estaca zero", porque, no luto, não existe nenhuma estaca.

22 de outubro

Envolver-se em práticas de ancoragem pode ajudá-lo a se sentir enraizado em meio às mudanças de emoções de luto, e um jeito maravilhoso de se sentir ancorado é, literalmente, colocar os pés no chão. Não estou falando só de caminhar. Estou falando em tirar os sapatos e as meias e ficar descalço na grama, no limo, na areia ou na terra. Essa prática, conhecida como imersão na natureza, aterramento ou banho de floresta, pode lembrá-lo de que você está são e salvo e ancorado em um momento em que se sente livre de tudo. Na próxima vez que sair de casa, veja se consegue parar em uma praia, parque, campo de futebol ou jardim e praticar o aterramento literal.

23 de outubro

"Acho que você tem que lidar com o luto no sentido de que precisa reconhecer que o vivencia e dizer que está tudo bem sentir tanta tristeza."
— ANN RICHARDS

Shelby Forsythia

O primeiro passo para lidar com o luto é reconhecer que ele está lá. Quando você estiver se sentindo estressado, sobrecarregado ou no limite, considere que o que você está vivenciando pode ser luto. Dizer alguma coisa como "Ah... É o luto de novo" pode lhe dar espaço para sentir todas as emoções. Não há problema em receber a visita do luto, mas às vezes você precisa cumprimentá-lo primeiro.

24 de outubro

Tente dar um nome ao luto para que você possa saudá-lo (ou amaldiçoá-lo) quando ele aparecer. Tive uma cliente que chamava seu luto de "Kevin". Toda vez que ela sentia alguma coisa difícil ou opressora, ela dizia: "Ai, lá vem o Kevin de novo, com essas emoções complicadas". Nós duas ríamos e percebíamos que tratar a dor como um visitante indesejado a ajudava a se voltar para o luto em vez de se afastar dele. Se o seu luto tivesse um nome, qual seria?

25 de outubro

"Chega um dia em que você sorri de novo e se sente um traidor. Como ouso me sentir feliz? Como ouso ficar feliz em um mundo onde meu (ente querido) não existe mais? E aí você chora lágrimas fresquinhas, porque desistir do seu luto é outro tipo de morte."
— LAURELL K. HAMILTON

Às vezes, existe segurança e fundamento em nos apegarmos com ferocidade ao nosso luto. Mas chega o dia em que não estamos

Sobre viver o luto

sofrendo ativamente, quando somos capazes de sorrir ou cantar ou até mesmo rir — e nos perguntamos se ainda sentimos saudade do ente querido, se ainda estamos de luto pela sua morte, se ainda estamos mal sem eles aqui. A resposta é "Claro". Claro que ainda sente saudade do ente querido. Claro que ainda está de luto pela morte dele. E claro que ainda não está bem sem ele aqui. A diferença é que você aprendeu a sentir outras coisas além do sofrimento, e essas emoções mais felizes estão se apresentando a você. A alegria não anula o luto. Os dois caminham de mãos dadas.

26 de outubro

Gosto de imaginar o luto como um par de tigelas, uma equilibrada em cada mão. Em uma tigela, há a morte da minha mãe, a pior coisa que já me aconteceu. Na outra tigela, há a alegria de estar viva — as pessoas e coisas bonitas que vi e conheci, e o reconhecimento de que estar viva na Terra é um presente glorioso. Uma tigela não é mais pesada que a outra; as duas não podem ser pesadas nem comparadas. A vida após a perda significa carregar as duas tigelas aonde quer que você vá — tristeza em uma das mãos, alegria na outra. Elas não podem cancelar uma à outra nem precisam fazer isso. Existe espaço em mim — e em você também — para equilibrar as duas juntas.

27 de outubro

"A esperança é uma paciência revolucionária."
— ANNE LAMOTT

Shelby Forsythia

A esperança costuma ser enquadrada como otimismo, mas gosto mais de pensar nela como resistência. Ter esperança é acreditar que o futuro pode ser diferente de como as coisas estão agora. Às vezes, essa esperança se parece muito com uma mistura de fé e espera. Todo dia que você vive após a perda é mais uma oportunidade de exercitar o músculo da esperança.

28 de outubro

A vida depois que alguém que você ama morre pode ser incrivelmente solitária. Há uma vontade enorme de ouvir o ente querido perdido, de saber se ele está bem e seguro e de garantir que ele continua a estar ao seu lado de alguma forma. Se você estiver se esforçando para sentir ou ver o ente querido após sua morte, tente atribuir a ele um símbolo. Pássaros, borboletas, flores, canções, números, carros — qualquer coisa serve. Sempre que vir esse símbolo, cumprimente-o como faria com o ente querido e lembre-se de algo que você amava nele. Por exemplo, quando vejo pardais, digo: "Oi, mãe" e paro por um instante para me lembrar do abraço dela. Quer você acredite que seu ente querido está enviando esses sinais ou saiba que você mesmo os está inventando, o resultado é o mesmo: um momento de esperança e conexão com a pessoa que se foi.

29 de outubro

"Só porque você está marcado para o resto da vida não significa que deva ter medo de viver."
— BRIAN CELIO

Sobre viver o luto

Nosso cérebro é projetado para nos proteger da dor, e é compreensível que sofrer uma perda arrasadora nos deixe com medo de voltar a viver a vida. Afinal, a morte de um ente querido nos mostra que estamos em um mundo em que tudo pode acontecer. Como isso pode não ser (pelo menos um pouco) assustador? É normal ter medo de viver após a perda de um ente querido, mas sempre que puder não permita que esse sentimento tenha a palavra final. Quero que saiba que suas cicatrizes são mais do que evidências de que você foi ferido. Elas também são a prova de que ainda está vivo.

30 de outubro

Pode ser muito útil estar preparado para os gatilhos que o luto traz depois da morte de um ente querido. Esteja você se preparando para assistir a um filme com amigos e parentes ou participando de uma festa de Halloween na vizinhança, por exemplo, não há problema em perguntar se você deve esperar algo sombrio ou assustador. Pense em dizer alguma coisa como: "Tive dificuldade com cenas de morte desde que perdi (nome do ente querido). Alguém morre nesse filme?" ou "Os vizinhos estão decorando a casa para a festa de Halloween este ano? Acho que ainda não estou pronto para lidar com caixões ou túmulos". Esse simples pedido é um jeito de dar a si mesmo um pouco de amor e proteção em um momento no qual você se sente frágil. Não há problema em querer sair de uma experiência ou situação se você considerar que ela pode servir como um estímulo ruim. Não há vergonha nenhuma em delegar a si mesmo a "função da campainha" na noite de Halloween.

Shelby Forsythia

31 de outubro

"Para ter sucesso, você tem que fazer algo e ser muito ruim nisso por um tempo. Você tem que estar mal antes de ficar realmente bem."
— BARBARA DE ANGELIS

O luto costuma ser desengonçado, desajeitado e constrangedor. É uma combinação frustrante de "falar sobre a morte é tabu" e "vivendo o luto pela primeira vez", e isso pode deixá-lo envergonhado em relação à sua aparência de enlutado. Anime-se e saiba que cada experiência constrangedora que você tem é um passo em direção ao seu crescimento. Você está aprendendo a conviver com o luto e não há o menor problema em ser (e se sentir) um iniciante.

1º de novembro

Você pode se surpreender com a abundância de recursos estranhos disponíveis sobre luto e perda. Tente pesquisar no Google combinações aleatórias, como "dança do luto" ou "luto e gatos", e veja o que aparece. Se você puder imaginar, provavelmente há um artigo, vídeo ou podcast on-line sobre isso. (Um dos meus preferidos é "flores do luto", e passei uma tarde lendo sobre o simbolismo histórico por trás das flores enviadas por simpatia.) Marque como favoritos ou salve sites que fazem sentido para você, criando um arquivo reconfortante de recursos de luto exclusivos. É mais uma maneira de mostrar a si mesmo que não existe um jeito certo de vivenciar o luto e que ele aparece em todos os lugares.

Sobre viver o luto

2 de novembro

"A cura exige ação. Ela não é um evento passivo."
— CAROLINE MYSS

Para nos curarmos da morte de um ente querido, precisamos fazer alguma coisa. Começar em uma direção, qualquer direção, nos ajuda a escolher um caminho e a nos reorientar para a vida após a perda. Mesmo se descobrirmos que a direção que estamos tomando é um beco sem saída, agora sabemos que caminho não seguir. Escolha alguma coisa para fazer após a perda e simplesmente faça. A cura acontece ao longo do caminho.

3 de novembro

O isolamento é a experiência relatada com mais frequência pelos enlutados. Após a morte de um ente querido, é normal se sentir isolado de amigos e parentes que não entendem, e é normal ficar com raiva de pessoas que se distanciaram de você. Só tome cuidado para não ignorar seus entes queridos muito rapidamente. Muitas pessoas querem ajudar, mas podem não saber exatamente como você deseja ser ajudado. Talvez elas precisem de um empurrãozinho seu antes de intervir e oferecer suporte. Simplificando: seus amigos e parentes não conseguem ler a sua mente. Se estiver se sentindo ignorado ou sem apoio, entre em contato. Envie uma mensagem de texto ou telefone. Se não tiver certeza do que pedir, tente uma coisa pequena, como "Estou me sentindo mal esta noite. Quer dar uma volta?" ou "Estou tendo um dia difícil. Podemos ficar ao celular sem falar?"

ou "Não estou bem. Posso ir ficar no seu sofá?". Acredite que as pessoas querem estar ao seu lado porque, na maioria das vezes, elas querem mesmo.

4 de novembro

"O luto não tem um enredo. Ele não é suave. Não existe um começo, um meio e um fim."
— ANN HOOD

O luto é menos como uma sequência previsível e mais como uma bolha amorfa de incerteza. Você não consegue prever como sair do luto, porque não há como determinar quando virá a próxima onda. Isso pode parecer desanimador no início, mas quando você reconhece que não existe uma estrutura para o luto, pode parar de tentar identificar em que ponto exato está da sua jornada. Se não houver um mapa, é impossível estar perdido.

5 de novembro

Se escrever um diário for complicado para você, pense em escrever uma carta como se estivesse atualizando o ente querido sobre a sua vida. Comece com "Querido (nome do ente querido)" e depois compartilhe suas experiências diárias, pensamentos íntimos e planos para o futuro. Seja criativo: se quiser, inclua fotos ou recordações da sua vida após a perda. Você pode descobrir que, depois de algum tempo, não precisa mais escrever diretamente para o ente querido e pode escrever com liberdade. Ou — e

Sobre viver o luto

também está tudo bem — continue escrevendo como se estivesse se correspondendo diretamente com a pessoa que se foi.

6 de novembro

"A força não vem do que você pode fazer. Ela vem de superar as coisas que antes achava que não conseguiria superar."
— RIKKI ROGERS

No início, há um ar de impossibilidade no luto. Como devemos viver em um mundo no qual um ente querido está morto? Não parece viável. Mas continuamos vivendo, de um jeito lento e relutante nos primeiros dias e semanas, e depois com paciência e prática, de um jeito cada vez mais seguro e confiante ao longo do tempo. Descobrimos que somos fortes — não porque invocamos força do nada, mas porque a cultivamos dentro de nós um dia de cada vez.

7 de novembro

Embora muitas das nossas esperanças e sonhos sejam extintos com a morte de um ente querido, às vezes, ainda temos sonhos para o futuro. No início, você pode sentir que seu desejo de ir atrás dos sonhos se foi, e isso é esperado. Mas tente o seguinte: em algum lugar particular e seguro, mantenha uma lista das coisas que pretende fazer um dia. A lista não precisa ser longa, e seus sonhos não precisam ser profundos. Procure ter pelo menos três desejos na lista. Em seguida, guarde-a com segurança. Defina um lembrete de calendário para voltar a ela depois de um ano. Depois desse tempo, você pode descobrir que realizou alguns desses sonhos ou que seu desejo de ir atrás deles voltou. É um pequeno lembrete de que seus sonhos não se foram para sempre; só estão esperando que você volte para eles.

8 de novembro

"A cura não é seguir em frente ou 'superar isso'; é aprender a fazer as pazes com a dor e encontrar um propósito na vida de novo."
— SHIRLEY KAMISKY

O luto não é um jogo que se ganha ou se perde; é uma experiência em que a cada dia você tenta, na medida do possível, ser um pouco melhor do que no dia anterior. Mesmo que você não esteja mensuravelmente "mais feliz", o crescimento também pode ser parecido com a consciência plena e a autocompaixão. O objetivo do luto não é superá-lo, mas, sim, criar um lugar para ele no quadro mais amplo da sua vida.

9 de novembro

Quando a maioria das pessoas pensa em grupos de apoio para lidar com o luto, elas imaginam cadeiras dobráveis de metal em volta de caixas de lenços de papel; sim, há absolutamente algo a ser dito sobre o poder do apoio pessoal ao luto. Mas, se você não estiver se sentindo sociável ou se deseja praticar a vulnerabilidade antes de expor seu luto para o mundo, considere pesquisar um curso on-line de apoio ao luto, por exemplo. Existem todos os tipos de cursos de apoio ao luto, incluindo cursos interativos, nos quais você pode se conectar a um grupo de outros enlutados por meio de chat ou vídeo, e cursos mais práticos, em que pode seguir no seu ritmo sem a colaboração ou a contribuição de outras pessoas. Tente pesquisar no Google "curso on-line de suporte ao luto" ou "curso virtual de suporte ao luto" para ver o que está disponível.

10 de novembro

"É engraçado como, mesmo muito depois de aceitar o luto de perder alguém que você ama e ter continuado com a vida, surge alguma coisa que brinca de 'te peguei' e, por um ou dois instantes, o tecido cicatricial se solta e a ferida está em carne viva de novo."

— MARY HIGGINS CLARK

Mesmo que você não tenha sido formalmente diagnosticado com transtorno do estresse pós-traumático, a perda de um ente querido é traumatizante. Visões, aromas, sons e até sabores podem nos enviar de volta aos piores momentos da vida, e é muito perturbador viver na expectativa do próximo gatilho. Além de trabalhar com um profissional de saúde mental, pode ser útil lembrar que você não está sendo acionado por esse gatilho porque é fraco ou incapaz. É porque passou por uma coisa muito, muito difícil. E isso é exatamente o oposto de fraqueza.

Shelby Forsythia

11 de novembro

Embora seja normal ser acionado por um gatilho depois da morte de um ente querido, pode ser debilitante sentir que está sempre sob ataque. Se você se sentir seguro para fazer isso, pense em pequenas maneiras de se expor aos gatilhos para que, aos poucos, consiga ter um contato próximo com eles no futuro. Por exemplo, depois que minha mãe morreu, mal conseguia suportar ver mães e filhas em público. Eu sabia que não queria que essa fosse a minha nova realidade, então comecei a me familiarizar de novo com mães e filhas. Primeiro, observava mães e filhas enquanto eu caminhava. Depois, entrava de propósito na fila atrás de mães e filhas no supermercado. Em seguida, fiz questão de viajar em feriados, como o Dia das Mães. Atualmente, ainda sinto uma pontada de dor no coração quando vejo uma mãe com a filha, mas a vontade de gritar desapareceu.

12 de novembro

"Não acho que o luto é um preço que pagamos pelo amor, mas sim que ele faz parte do amor. Quando a morte chega, acho que o luto deve ser vivenciado do mesmo jeito que a alegria era vivenciada antes — e se o vivenciarmos com intimidade, o luto e a alegria não são separados, e ambos são amor."

— BARRY GRAHAM

E se o luto não for uma consequência do amor, mas sim outra forma de expressão dele? E se a nossa tristeza profunda for um

Sobre viver o luto

reflexo de uma conexão profunda? Não existe luto sem apego, sem investimento e sem algum tipo de vínculo emocional. O fato de estarmos de luto é uma evidência do quanto conseguimos amar completamente.

13 de novembro

Alguma coisa no som musical e tonal desbloqueia as emoções de um jeito que as palavras não conseguem. Se você estiver se esforçando para expressar o luto em palavras ou quiser experimentar uma atividade na qual não seja obrigado a articular o luto, tente uma meditação sonora, também chamada de banho sonoro. A maioria dos banhos sonoros apresenta uma combinação de gongos, tigelas cantantes, sinos e tons vocais com o objetivo de suspendê-lo em um local seguro de exploração mental, emocional e possivelmente espiritual. Mesmo que você não tenha energia para ir fundo na sua psique (porque, às vezes, isso é difícil no luto), tente descansar os olhos enquanto fica sentado em uma cadeira ou deitado no chão ouvindo. Os banhos sonoros podem ser encontrados ao vivo e on-line.

14 de novembro

"Não importa o quanto uma situação possa parecer desoladora ou ameaçadora, ela não nos possui inteiramente. Ela não pode tirar nossa liberdade de reagir, nosso poder de agir."

— RYDER CARROLL

Shelby Forsythia

É normal se sentir sem esperança após a perda, mas a desesperança não é tudo. Mesmo nas situações mais terríveis, você tem alguma medida de poder e controle sobre o que está pensando e o que seu corpo físico está fazendo. Você pode não ser capaz de reorganizar as circunstâncias externas a seu gosto, mas pode reivindicar o poder sobre sua mente e suas ações.

15 de novembro

Uma coisa sobre a qual você pode ter controle é a frequência com que come e bebe após a perda. Se possível, tente fazer de três a quatro refeições e beber oito copos de água por dia. Isso evita que o açúcar no sangue seja reduzido e afasta sensações físicas desagradáveis, como tontura e batimento cardíaco acelerado. Se lembrar de comer e beber for difícil para você, defina alarmes para não se esquecer. Também há uma série de aplicativos para ajudá-lo a se lembrar disso. Seu corpo vai lhe agradecer por mantê-lo nutrido e estável em meio ao luto.

16 de novembro

"O fundo do poço se tornou a base sólida sobre a qual reconstruí a minha vida."
— J.K. ROWLING

Embora o fundo do poço não seja o lugar mais agradável para se viver, ele tem uma qualidade redentora: é o fundo do poço. Qualquer coisa que seja diferente disso é uma melhoria — e existe esperança nessas pequenas conquistas. A morte do ente querido é um fato sólido e imutável, do qual você pode dizer: "Esse é o ponto em que fui forçado a começar de novo". E, ao começar de novo, você está construindo seu caminho para fora do fundo do poço.

17 de novembro

A literatura para jovens adultos, ainda mais se for de natureza fantasiosa ou mágica, pode ser uma ferramenta maravilhosa para ajudar no processo do luto. Apesar de terem sido escritos pensando nas crianças, séries como *Harry Potter, As crônicas de Nárnia, Fronteiras do universo* e os livros de *Os pioneiros* abordam temas de luto e perda enquanto também exploram a amizade, a coragem e o amadurecimento. Você pode encontrar inspiração e comunidade nas histórias de outras pessoas que trabalham para enfrentar adversidades enquanto vivem uma vida rica e complicada.

18 de novembro

"As pessoas que você ama nunca morrem... Não completamente. Elas vivem na sua mente do jeito que sempre viveram dentro de você. Você mantém viva a luz delas. Se você se lembrar bem delas, elas ainda podem guiá-lo, assim como o brilho de estrelas extintas há muito tempo pode guiar navios em águas desconhecidas."
— MATT HAIG

Shelby Forsythia

Embora o corpo do ente querido não esteja mais fisicamente aqui, você tem permissão para manter um relacionamento emocional, mental e espiritual com ele. Você pode até mudar os limites do seu relacionamento, como a frequência com que fala com ele e as maneiras como se comunica. A morte acabou com a vida do seu ente querido, mas seu amor e sua necessidade de incluí-lo na sua rotina continuam vivos.

19 de novembro

Na época das festas ou ocasiões especiais, a presença do lugar vazio que o ente querido costumava ocupar pode parecer muito barulhenta. Se você tiver que enfrentar uma cadeira vazia em uma festa nesse ano, tente homenagear o ente querido de uma maneira diferente. Reúna fotos emolduradas e disponha-as no lugar tradicional da pessoa à mesa; peça aos convidados para deixarem um bilhete carinhoso na cadeira dela; coloque flores frescas ou um bicho de pelúcia preferido onde normalmente se sentaria ou ofereça a cadeira vazia a um amigo ou parente que pode não ter um lugar para ir nas festas. Não existe a intenção de substituir o ente querido, mas você sempre tem a oportunidade de homenageá-lo.

20 de novembro

"Percebi que não era que eu não quisesse continuar sem ele. Eu queria. Só que não sabia por que queria continuar."
— KAY REDFIELD JAMISON

Sobre viver o luto

Depois que alguém que amamos morre, podemos perder a razão de viver. Podemos reconhecer que queremos viver, mas pode parecer que estamos sentindo falta de alguém ou de alguma coisa pela qual viver. Se estiver procurando um motivo para continuar em frente, você não está sozinho. Muitos enlutados conhecem muito bem a sensação de buscar um novo propósito, um novo significado.

21 de novembro

Faça uma lista de pessoas, lugares, animais de estimação, coisas, experiências, sonhos e oportunidades pelas quais viver. Individualmente, cada item da sua lista pode não lhe dar um propósito, mas juntos criam uma vida pela qual vale a pena viver. Em vez de perguntar: "O que me faz levantar de manhã?" — porque no luto, a resposta pode ser "Nada" —, pergunte: "Por que vale a pena ficar acordado?". Não estamos procurando motivação para nos levantarmos com esse exercício; estamos procurando o que nos estimula a continuar em pé.

22 de novembro

"Perdoar é desistir da esperança de que o passado pudesse ter sido diferente."
— OPRAH WINFREY

Quando perdoamos, reconhecemos que nós e todos os outros envolvidos na situação fizemos o melhor possível com as informações, a criação, as ferramentas e as circunstâncias que tínhamos na época.

Paramos de nos torturar por não sabermos o que não teríamos como saber e nos libertamos da pressão impossível de voltar e fazer as coisas de um jeito diferente. Quando você perdoa, não está dizendo: "Estou bem com o que aconteceu". Você está dizendo: "Você tentou ao máximo... E eu também".

23 de novembro

O fechamento acontece mais nos filmes e na TV do que na vida real. Quando alguém que amamos morre, somos obrigados a criar nosso próprio fechamento. Isso inclui perdoar o ente querido e a nós mesmos pelo o que não foi dito e não foi feito. Se você estiver vivendo com remorso, arrependimento ou culpa, anote os arrependimentos em pedaços de papel e, em seguida, queime-o com segurança em um cinzeiro. Escreva cada arrependimento assim: "Eu o perdoo por (ação do ente querido)". Se for difícil ou você ainda não se sentir pronto para perdoar, tente escrever: "Quero perdoar você por (ação do ente querido)". Ao escrever e liberar os arrependimentos, não se esqueça de incluir o autoperdão. Comece com algo amplo: "Eu o perdoo por não saber o que você não poderia saber". Depois, se for seguro para você, seja mais específico. Por exemplo: "Eu a perdoo por não tirar uma folga do trabalho para cuidar do papai". Por meio do perdão e do autoperdão, é possível criar seu próprio tipo de fechamento.

24 de novembro

"A realidade é que você vai estar de luto para sempre. Você não vai 'superar' a perda de um ente querido; vai aprender a conviver com ela. Você vai se curar e se reconstruir em torno da perda que sofreu. Vai ficar inteiro de novo, mas nunca mais vai ser o mesmo. Você não deve ser o mesmo nem deve querer ser."

— ELISABETH KÜBLER-ROSS

Muitos enlutados se ressentem do fato de que a perda os altera, mas minha evolução tem sido a prova de que a morte da minha mãe foi importante e teve um impacto na minha vida. Não posso ser quem era antes porque alguém que eu amava muito deixou de existir nesta terra, e isso é muito importante. Seria mais estranho se eu não tivesse mudado nada. Todo mundo muda como resultado da perda; está tudo bem você não ser quem era antes.

25 de novembro

Uma coisa que muitos dos meus clientes acharam útil é a visualização consciente de colocar seu antigo eu para dormir. Feche os olhos e imagine seu eu anterior à perda com o máximo de detalhes possível. Qual é a sua aparência? O que você está vestindo? Como se sente em relação à vida? Quais são suas esperanças, sonhos e objetivos? Abra os olhos. Na próxima vez que se sentir julgando seu novo eu por não ser a pessoa que seu antigo eu costumava ser, feche os olhos e imagine o novo botando o antigo para dormir e ajeitando-o na cama. Para aumentar o entusiasmo, diga alguma coisa como: "Eu sei que é difícil não poder mais ser você, mas agora sou uma pessoa diferente; é hora de você descansar". Isso pode ajudá-lo a liberar o controle que seu antigo eu exerce sobre seu novo eu enlutado.

Shelby Forsythia

26 de novembro

"Você pode ter que lutar uma batalha mais de uma vez para vencê-la."
— MARGARET THATCHER

Para se tornar bom no luto, você precisa praticá-lo com frequência. Isso não significa estar sempre triste, mas se envolver ativamente com ele toda vez que aparecer, em vez de evitá-lo ou afastá-lo. Pode ser frustrante no início, porque a maioria de nós não aprende explicitamente a vivenciar o luto, mas, aos poucos, podemos entender como permanecer de pé diante do nosso luto e nos tornar experientes em lidar com ele.

27 de novembro

Meditação é um jeito fácil e suportável de entrar em contato com o sentimento de luto. Quer você pratique a meditação silenciosa ou a meditação guiada, tente permanecer imóvel e conectado com seus pensamentos e sentimentos durante cinco minutos por dia, permitindo que eles venham à tona, falem com você e desapareçam. No início, cinco minutos podem parecer uma eternidade, mas com tempo, foco e prática, você pode esticar as sessões de meditação para dez ou quinze minutos por dia. Na hora de meditar, pense em ver a si mesmo e seus pensamentos a partir da perspectiva de um desconhecido ou uma pessoa observadora. Você pode constatar que se desapegar do luto por um grau de separação pode ajudá-lo a descobrir insights valiosos e compaixão por si mesmo.

Sobre viver o luto

28 de novembro

"Apesar de ainda sentir uma dor constante, eu parecia, sem saber, ter me afastado um pouco daquela primeira dor insuportável. Eu me endireitei e respirei fundo, e foi então que comecei a acreditar que realmente poderia superar isso."
— ANNE TYLER

Chega um ponto crítico na jornada do luto em que a esperança passa de um sonho abstrato e distante para um pensamento concreto e presente. Nem sempre é o momento mais ruidoso ou mais chamativo da sua experiência de luto, mas é fundamental, pois marca o momento em que você deixa de desejar que a esperança apareça e percebe que ela finalmente chegou. Pode não ser importante, grandioso ou vistoso, mas está lá do mesmo jeito. A esperança finalmente está ao seu alcance.

29 de novembro

Use a respiração profunda para se equilibrar em meio à perda. Quando estiver se sentindo ansioso ou sobrecarregado, use a "respiração 4-7-8": diga a si mesmo para respirar e, em seguida, inspire ativamente por quatro segundos. Segure por sete segundos e expire por, pelo menos, oito segundos. Repita esse padrão de inspiração e expiração até sentir que está se acalmando. Se quiser um benefício extra, concentre a inspiração e a expiração na parte inferior do abdome, e não na caixa torácica. Estudos mostram que a respiração profunda baseada no diafragma pode nos acalmar mais rápido do que a respiração superficial centrada no peito.

Shelby Forsythia

30 de novembro

"Preocupar-se é carregar a carga de amanhã com a força de hoje — carregar dois dias de uma vez. É chegar ao amanhã antes do tempo. A preocupação não esvazia a tristeza do amanhã, ela esvazia a força do hoje."

— CORRIE TEN BOOM

Você está preocupado com a vida após a perda? Você não está sozinho. Quando minha mãe morreu, eu me preocupei com tudo, desde se estava enlouquecendo ou não até o que todos ao redor estavam pensando e sentindo, além de como seria meu futuro, já que a pior coisa que eu poderia imaginar tinha acabado de acontecer. Embora o medo às vezes seja útil, a preocupação pode nos fazer girar em círculos em um momento da vida em que já estamos tontos. É normal se preocupar na vida após a perda, mas, em algum momento, vale a pena se perguntar: "O que a preocupação faz por mim?".

1º de dezembro

Uma das melhores ferramentas que dei a um cliente foi a ideia de uma lista de preocupações futuras. Se você estiver estressado com todas as coisas que precisa fazer, administrar e cuidar em um futuro distante ou muito distante, pegue um pedaço de papel e escreva: "Preocupações Futuras" no topo. Em seguida, escreva: "Um dia, terei que me preocupar com..." e faça a lista de tudo que você sabe que terá que resolver. Podem ser tarefas como "vender a casa", "cuidar dos parentes que estão ficando idosos" e "escrever

Sobre viver o luto

um testamento". Se a preocupação for sobre alguma coisa que vai acontecer daqui a mais de um ano, coloque na lista. Liberar todas as suas angústias em um só lugar pode ajudá-lo a sentir que fez alguma coisa com elas. Você pode descobrir que depois de escrever suas preocupações, elas deixam de ser tão barulhentas. Sempre que surgir uma apreensão futura, adicione-a à lista.

2 de dezembro

"Minhas cicatrizes me lembram de que eu realmente sobrevivi às feridas mais profundas. Isso em si é uma conquista. E elas também trazem à mente outra coisa. Elas lembram que os danos que a vida me infligiu me deixaram mais forte e mais resiliente em vários sentidos. O que me magoou no passado me tornou mais bem equipado para enfrentar o presente."
— STEVE GOODIER

O fato de você estar vivendo após a perda é a prova de que consegue sobreviver à ela. Você não precisa ser mais forte, mais corajoso ou mais capaz para viver após a perda; você já está vivendo. Saiba que, embora suas cicatrizes sejam muito reais e dolorosas, elas são a evidência de que você conseguiu e vai passar por isso.

3 de dezembro

Os exercícios são uma forma poderosa de impulsionar sua cura. Se você se sentir pronto para "exercitar" o seu luto, amarre seus tênis de corrida ou vá à academia com um amigo. Movimentar o corpo, mesmo que durante vinte minutos por dia, pode ajudar a equilibrar o humor, os hormônios e os níveis de estresse. Se não conseguir fazer um treinamento de alta intensidade, tente esportes de baixo impacto, como ciclismo, natação ou ioga. Ao se exercitar, preste atenção à respiração e observe como é sentir seu corpo no momento presente. Imagine-se trabalhando com seu corpo para mantê-lo saudável e forte.

4 de dezembro

"Sinta. Viva o luto... Sente-se e deixe tudo destruir você. Em seguida, se levante e continue respirando. Uma respiração de cada vez. Um dia de cada vez. Acorde e esteja despedaçado. Chore por um tempo. Depois, pare de chorar e viva o seu dia. Você não está bem, mas está vivo."
— JASINDA WILDER

Você não precisa ficar bem logo depois que alguém que ama morre. Na verdade, é mais do que natural e compreensível se não estiver bem. Caso esteja lutando para ficar em paz consigo, não pense em como vai ser capaz de sobreviver às próximas 24 horas ou até mesmo à próxima hora. Sua única função neste momento é conseguir respirar, é dar mais um passo. Pode parecer uma bobagem, depois de ter uma rotina normal, sem precisar se planejar muito, ter que reduzir todo o seu foco à sua próxima atitude no dia, mas a perda de um ente querido muda a forma como o tempo funciona. É normal quebrar o dia em pedacinhos para conseguir sobreviver.

Sobre viver o luto

5 de dezembro

Se possível, encontre um lugar isolado ou distante em que você possa expressar seu luto em voz alta. Gritar, chorar, resmungar e berrar são atitudesque podem ajudá-lo a entrar em contato com as emoções mais difíceis e menos explicáveis do luto, como a raiva e o desespero. Às vezes, não há palavras para expressar o luto, mas há sons, e esses sons merecem ser liberados. Embora a "sociedade educada" não seja o lugar mais apropriado para gritar, existem locais (campos de milho, florestas, oceanos) que são perfeitos para receber seus gritos. Se for a algum lugar sozinho, avise a um amigo ou parente aonde você vai e quando pretende voltar para casa.

6 de dezembro

"O luto não vai embora... É como carregar uma pedra pesada... Você aprende a ajeitar o peso de maneira adequada, depois se acostuma e, às vezes, até esquece que o está carregando."
— RACHEL NEUMEIER

Quando alguém que você ama morre, é como se uma pedra gigantesca tivesse sido adicionada à vida que já está vivendo. É um fardo instantâneo, um peso inegociável colocado em cima de uma vida já cheia. Aos poucos, você encontra um lugar para a pedra, e seus músculos ficam mais fortes e mais ágeis. A grande pedra do luto não fica mais leve, mas você desenvolve a habilidade de carregá-la com um pouco mais de flexibilidade e facilidade.

7 de dezembro

Quando o fardo do luto ficar muito pesado, encontre um lugar seguro para se sentar e feche os olhos. Coloque os pés no chão com firmeza. Depois de respirar fundo algumas vezes, imagine uma tigela grande no chão à sua frente. Visualize seu cérebro se abrindo como uma porta e despejando o conteúdo na tigela. Continue respirando enquanto "despeja seu cérebro". Quando tudo for derramado, respire fundo de novo e imagine a tigela cheia, afundando no solo como a água da chuva e levando o conteúdo. Repita esse exercício sempre que se sentir oprimido ou sobrecarregado pelo peso da perda.

8 de dezembro

"Com o novo dia, vêm uma nova força e novos pensamentos."
— ELEANOR ROOSEVELT

Embora alguns dos seus pensamentos possam ser os mesmos de um dia para o outro, é impossível "pensar" o mesmo dia duas vezes. Toda manhã, quando você acorda, existe uma chance de saudar um dia salpicado de concepções novas. Cabe a você buscar esses pensamentos, mas saiba que, mesmo quando sente que está preso a uma rotina, suas ideias dizem o contrário.

9 de dezembro

Em um papel, liste os dez principais pensamentos negativos que passam pela sua mente no dia: "Nunca vou conseguir sair disso",

"Não sou tão forte quanto costumava ser", "Isso me destruiu" e assim por diante. Em seguida, liste o oposto desses pensamentos e dê a eles um toque otimista. Por exemplo, o oposto de "Nunca vou conseguir sair disso" pode ser "Vou conseguir sair disso e vou encontrar alegria ao longo do caminho". O oposto de "Não sou tão forte quanto eu costumava ser" pode ser "Sou mais forte do que costumava ser". E o oposto de "Isso me destruiu" pode ser "Isso me fortaleceu". Veja como é ter esses pensamentos. Você não precisa acreditar neles, mas pode ser útil acrescentá-los à sua coleção de reflexões. Experimente fazer esse registro no diário todos os dias para ter uma perspectiva contrária aos seus pensamentos mais pesados.

10 de dezembro

"Nossa maior glória não é nunca cair, mas levantar toda vez que caímos."
— CONFÚCIO

Por mais que queiramos, é impossível ter uma vida sem perdas. Se você estiver se condenando por ter caído, lembre-se: ninguém escapa de uma queda (ou quedas). O que importa é se levantar — não de uma forma grandiosa ou heroica, mas de forma persistente e insistente que diga: "Ainda estou aqui. Estou me levantando".

11 de dezembro

Uma das minhas clientes encontrou prazer em fazer um balanço de suas pequenas vitórias. Uma vez por dia, ela parava e pensava em uma coisa que havia conquistado. Em seguida, escrevia essa vitória em um diário. Com o tempo, ela decidiu compartilhar suas pequenas vitórias nas redes sociais para que seus amigos e parentes também pudessem torcer por suas conquistas. Tente manter um registro de uma pequena realização por dia. Ao começar a escrever, lembre-se de que não precisa ser uma vitória convencional, imposta pelos padrões da sociedade (troféus, medalhas, estrelas de ouro); o importante é que seja uma conquista significativa para você, isso é uma vitória. Algumas das minhas conquistas preferidas são: "Fui caminhar na rua, apesar de estar chovendo", "Comecei a cantar no chuveiro de novo" e "Liguei para o suporte técnico pedindo ajuda, em vez de desistir". Veja quais pequenas conquistas você observa na sua vida após a perda e comemere todas.

12 de dezembro

"Embora ninguém possa voltar e criar um novo começo, qualquer um pode começar agora e criar um novo final."
— CARL BARD

Embora a morte do seu ente querido tenha destruído algumas das suas esperanças e sonhos futuros, é importante que você saiba que seu destino não está totalmente perdido. Sua vida não acabou; o que acabou foi a vida como você conhecia antes de a pessoa morrer. Existe uma diferença pequena, mas importante, entre as duas coisas. Já que sua vida continua, seu futuro tem o potencial de ser reinventado e refeito... E o poder de fazer isso está em suas mãos.

Sobre viver o luto

13 de dezembro

Às vezes, parece que nossos amigos e parentes só desejam para nós um futuro feliz e organizado. Somos salpicados com perguntas como: "Quando é que você vai começar a namorar de novo?", "E aí, você pretende voltar para a faculdade?" e "Você vai ter outro filho?". Embora esteja claro que eles querem que sejamos felizes, dói nos sentirmos empurrados para um futuro do qual ainda não temos certeza. Quando alguém lhe perguntar sobre seus planos futuros, tente dizer: "Estou fazendo o melhor possível para viver cada dia quando ele chega. Entendo aonde você quer chegar, mas não estou pronto para dar um salto tão grande agora." Veja se essa declaração o ajuda a estabelecer amorosamente os limites entre você e aqueles que estão ansiosos para consultar em sua bola de cristal seu futuro.

14 de dezembro

"Eles embrulham (as festas) com um peru, presentes criativos, muito champanhe e risadas, mas, no fim das contas, sempre há pessoas faltando na mesa. E você tem que se sentar com aquelas cadeiras vazias e rir ou pode escolher não ir para a mesa de jeito nenhum. Eu prefiro ir para a mesa."
— JULIE BUXBAUM

Não vou mentir e dizer que as festas são fáceis depois que alguém que você ama morre. O que vou dizer é que você pode escolher como vai aparecer nas festas, nos jantares e nas trocas de presentes. Você pode se concentrar no fato de que seu ente querido não está mais aqui e funcionar só nesse espaço da mente ou pode reconhecer a morte da pessoa e fazer o máximo para encontrar alguma coisa para apreciar. Se olhar com atenção, vai ver um vislumbre do seu ente querido nas luzes, nas velas, nas risadas ou na música.

15 de dezembro

Consulte parentes e amigos sobre suas tradições nas festas. A morte do ente querido provavelmente afetou todos vocês de um jeito diferente, e planejar as festas pode poupar todo mundo de mágoas. Tentem se comunicar e decidam: quais tradições devem continuar? Quais tradições precisam ser modificadas e de que maneira? Quais devem ser descontinuadas? Se você estiver sobrecarregado com a ideia de interromper totalmente uma tradição, tente interrompê-la apenas neste ano. Mantenha a mente aberta o quanto puder para novas tradições ou rituais que surgem com a perda do ente querido.

16 de dezembro

"A ironia é que tentamos negar nossas histórias difíceis para parecermos mais inteiros ou mais aceitáveis, mas nossa totalidade — até mesmo nossa sinceridade —, na verdade, depende da integração de todas as nossas experiências, incluindo as quedas."
— BRENÉ BROWN

Às vezes, parece que amigos, parentes e sociedade querem que usemos uma máscara em vez de falar a verdade. O mito é que é mais fácil fingir que está tudo bem, mesmo que por trás da máscara

Sobre viver o luto

tudo esteja desmoronando. Embora pareça que a máscara pode nos impedir de receber julgamentos e críticas, na realidade, ela só nos impede de nos envolvermos com o nosso luto. Respire fundo e comece a descascar a sua máscara. Você merece ser conhecido e amado por inteiro.

17 de dezembro

Nem sempre é seguro compartilhar nossas histórias de luto, e é difícil identificar quais pessoas são seguras e quais não são. Logo depois da perda, pratique "se desmascarar" na presença de outros enlutados. Quando se sentir pronto, comece a compartilhar como você realmente está com pessoas na sua vida que são menos familiarizadas com o luto. Se não souber por onde começar, diga alguma coisa como: "A verdade é que estou sentindo (insira a emoção)". Veja como eles reagem. Se o aceitarem sem máscara, considere-os um lugar seguro para sua história de luto e continue. Se eles tentarem fazer você se sentir melhor, não há problema em colocar a máscara de novo até conseguir dar uma desculpa para se retirar da conversa. Leva algum tempo para sentir quem são suas pessoas seguras após a perda, mas, quando as localizar, se entregue à liberdade que advém de ser você mesmo ao lado delas.

18 de dezembro

"O luto é para sempre. Ele não vai embora; ele se torna uma parte de você, passo a passo, respiração a respiração."
— JANDY NELSON

O luto literalmente muda e reorganiza as células do corpo. O cérebro se religa, os nervos nos irritam e nos acalmam, e o sistema imunológico faz tudo o que pode para nos proteger do estresse. Quando um ente querido morre, nosso corpo sente isso — desde o impacto imediato até os efeitos duradouros. O luto deixa uma impressão visível e invisível na vida, nos pulmões, no cérebro e no coração. Todo mundo que já esteve de luto, pelo menos em parte, é feito de luto.

19 de dezembro

Se você perceber que está guardando o estresse no corpo, tente tensionar todos os músculos de uma vez e depois relaxá-los, um a um, começando pelos pés e subindo até o pescoço, a mandíbula e os olhos. Isso é extremamente útil quando você estiver tentando dormir. Em vez de se concentrar em relaxar uma parte tensa específica do corpo, recrute o corpo todo para ficar tenso e relaxar em conjunto. De um jeito estranho, mas adorável, esse é um método para avisar ao organismo que está "tudo limpo" e tranquilo para relaxar completamente.

20 de dezembro

"Há pessoas cuja morte deixa uma dor de luto. Uma leve pontada. E há pessoas cuja morte interrompe o tempo. Mortes que deixam o céu turvo o dia todo porque até o sol está de luto. Mortes que paralisam seus músculos e param a música."

— PATRICIA AMARO

Sobre viver o luto

As únicas perdas que podem ser comparadas de forma realista são as suas próprias perdas umas contra as outras. É impossível medir a profundidade, o luto e o impacto das perdas de outra pessoa se você não for essa pessoa. Só você pode decidir qual das suas perdas foi a mais difícil e qual foi a mais poderosa. Não deixe ninguém lhe dizer que a morte do seu ente querido não foi significativa o suficiente, séria o suficiente ou importante o suficiente para você estar de luto. Você e só você tem o poder de determinar exatamente o quanto a sua perda é importante. Só você sabe o que é estar no seu lugar.

21 de dezembro

Na próxima vez que alguém tentar comparar perdas com você, diga que aprecia o fato de que a pessoa está tentando sentir empatia, mas prefere que ela não compare a dor dela com a sua. Diga alguma coisa como: "Agradeço por você compartilhar isso comigo e sei que só está tentando ajudar, mas a morte de (nome do ente querido) é muito especial e exclusiva para mim, e eu gostaria de evitar compará-la a outra pessoa". Esse limite suave, mas direto, é um jeito útil de permitir que a outra pessoa saiba que você entendeu a intenção dela, mas prefere uma abordagem diferente.

22 de dezembro

"Se você sentir alegria de um jeito súbito e inesperado, não hesite. Ceda a ela."
— MARY OLIVER

Antes de sofrer uma perda, nunca duvidamos da alegria. Nós nos permitimos senti-la e mantê-la no dia dia. Mas depois que uma pessoa da qual gostamos morre — quando vivenciamos a dor no coração pela perda de um ente querido —, somos rápidos em criticar a alegria. Duvidamos dela e nos perguntamos quanto tempo vai durar antes que mais um "sapato" caia na nossa cabeça. É preciso ter muitos recursos para sentir felicidade de novo em meio ao luto, mas, na próxima vez que a alegria aparecer, dê uma chance a ela. Você pode descobrir que estava ansioso por esse sentimento.

23 de dezembro

Pouco tempo atrás, criei a regra do um por cento para o luto. Funciona assim: não importa o quanto a sua vida seja incrível, não importa o que você tenha alcançado, não importa qual sorte, bênção ou boa fortuna surja no seu caminho, seu coração sempre será composto de pelo menos um por cento de luto. Um por cento de você sempre o lembrará de que aquele momento é adocicado. Um por cento sempre desejará que o ente querido estivesse presente. Um por cento nunca, jamais esquecerá a dor que você vivenciou. Não digo isso para desencorajá-lo. Na verdade, é exatamente o oposto: quando você reconhece que seu coração sempre será pelo menos um por cento de luto, pode liberar o sonho de sentir cem por cento de alegria e felicidade. Na próxima vez que vir a alegria vindo à sua direção, abrace-a, sabendo que uma pequena parte de você vai continuar de luto. Quando isso acontecer, tente dizer: "Lá vem aquela porcaria de um por cento de novo".

Sobre viver o luto

24 de dezembro

"Em meio ao inverno, descobri que havia, dentro de mim, um verão invencível. E isso me deixa feliz. Porque diz que, por mais força que o mundo faça contra mim, dentro de mim, há uma coisa mais forte — uma coisa melhor, empurrando de volta."

— ALBERT CAMUS

Em alguns dias, parece que o luto tem todo o poder tende a nos engolir com sua escuridão a qualquer minuto. Mas e se houvesse alguma coisa em nós que fosse mais brilhante e mais ruidosa do que o desespero causado pela perda? Em todos os enlutados, há algo que perdura, um verão invencível que continua, mesmo em meio ao inverno mais rigoroso.

25 de dezembro

Sente-se em uma cadeira com os dois pés no chão e feche os olhos. Respire fundo algumas vezes para se centrar e se ancorar no presente. Imagine o luto na sua frente. Qual é a aparência, a sensação, o som e o sabor dele? Forme uma imagem clara do tamanho, da forma, da textura e do movimento do luto na sua mente. Em seguida, se imagine ficando cada vez maior e maior, até ser capaz de engolir o luto inteiro como uma vitamina ou um doce. Sinta-o se estabelecendo dentro de você, ao lado do seu coração batendo, dos seus pulmões respirando, da sua mente agitada. Continue respirando enquanto permite que a sua grandeza absorva e afogue a experiência da morte. Em seguida, abra os olhos e volte ao presente. Volte a essa visualização sempre que seu luto parecer maior do que a própria vida.

26 de dezembro

"Eu não estava preparada para o fato de que o luto é tão imprevisível. Não era só tristeza e não era linear. De algum jeito, pensei que os primeiros dias seriam os piores e depois ficariam cada vez melhores — como se recuperar de uma gripe. Não foi assim que aconteceu."

— MEGHAN O'ROURKE

O luto, às vezes, dá a sensação de que você é uma bolinha solitária, quicando sem controle dentro de uma máquina de *pinball* de um jeito totalmente imprevisível. Em um minuto é raiva, no próximo é nostalgia. E lá vai ela dar voltas e mais voltas! O luto é menos como uma gripe e mais como um joelho comprometido. Quem sabe por que ele está dolorido? Pode ser o tempo ou pode ser que você esteja apoiado nele há muito tempo. Se estiver lutando para encontrar um padrão lógico em meio ao luto, você não está sozinho. A vida após a perda é uma jornada selvagem e, muitas vezes, imprevisível.

27 de dezembro

Uma das coisas mais úteis que outro autor que escreve sobre luto compartilhou comigo é a seguinte: você não precisa saber exatamente qual emoção está sentindo, só precisa senti-la. Às vezes, colocamos tanta pressão sobre nós mesmos para chegar à raiz do que estamos sentindo que nos esquecemos de sentir. Na próxima vez que estiver cara a cara com uma emoção desagradável, ainda mais se for a primeira vez que a sente, tente se sentar com ela por um ou dois minutos antes de se apressar em nomeá-la. Pode ser difícil treinar o luto para entrar no coração antes de entrar na cabeça, mas isso pode ajudá-lo a desacelerar e lembrar que a dor é uma experiência emocional a ser vivida, não uma experiência lógica a ser descoberta.

28 de dezembro

"Os mortos podem sobreviver como parte da vida daqueles que ainda vivem."
— KENZABURŌ ŌE

Quando um ente querido morre, você tem a palavra final sobre quanto a presença dessa pessoa ocupa na sua vida. Claro, ela não sai da sua mente nem por um segundo, mas quanto de seu tempo você gostaria de dedicar a honrar sua memória e celebrar sua vida? Que rituais, práticas e tradições gostaria de realizar na ausência deles? Você é o regente do coro da sua vida. Que notas seu ente querido vai cantar?

29 de dezembro

Antes de entrar no Ano Novo, reserve cerca de uma hora para listar as datas do luto do ano e faça um plano superficial de como

Shelby Forsythia

gostaria de comemorar cada uma. Aniversários, data de casamento, data de morte, marcos importantes e feriados estão na lista de possibilidades. Se não tiver ideias, tente fechar os olhos e perguntar ao ente querido: "Como você gostaria de ser homenageado neste ano?". Sente-se em silêncio por um instante e veja se alguma revelação vem à sua mente. Prenda essa lista na geladeira ou no calendário, tanto para lembrá-lo das próximas datas de luto quanto para lembrar quais rituais e tradições acompanham cada encontro. Sinta-se à vontade para convidar outras pessoas para participar dessa atividade de elaboração da lista com o intuito de honrar suas próprias perdas ou celebrar o ente querido com você.

30 de dezembro

"Porque, mesmo durante o luto, estamos crescendo."
— SHELBY FORSYTHIA

Quando comecei a trabalhar com o luto em 2016, tive a sensação de que alguma coisa estava acontecendo, logo abaixo da superfície, no meu luto. Eu não tinha palavras para isso na época, mas agora sei que, mesmo no emaranhado sombrio de anos que foi minha vida após a morte da minha mãe, estava me expandindo, aprendendo e me tornando mais autoconsciente a cada dia. Minha vida, desde a morte da minha mãe, tem sido tudo menos tranquila e sem esforço, mas sei que, mesmo em meio ao luto, existe crescimento, compaixão e amor a serem descobertos. A perda nos enterra, mas o coração partido guarda as sementes para o inevitável novo crescimento. Seu luto pertence a você. E seu retorno também.

Sobre viver o luto

31 de dezembro

Decore um pote transparente e vazio e coloque-o ao lado da cama. Todas as noites, antes de dormir, lembre-se de um momento positivo que você viveu naquele dia. Pode ser simples, como "Observei os pássaros no meu quintal" ou importante, como "Sobrevivi ao aniversário de (ente querido)". Escreva o seu momento positivo em um pedaço de papel, dobre-o e coloque-o no frasco. Faça isso todos os dias durante um ano. No ano seguinte, tire todos do pote e revele os momentos positivos. Você não só vai sentir uma onda de calor ao relembrar memórias positivas do ano anterior, como também vai criar uma perspectiva mais otimista em relação ao próximo. Saturar seu cérebro com evidências de que coisas positivas aconteceram no passado dá permissão para sonhar com experiências mais confiantes no futuro. Envio consolo e amor para você no ano novo.

Recursos

Os sites e os livros a seguir podem fornecer um suporte adicional na vida após a perda. Sei disso porque esses foram os recursos que me ajudaram. Escolha o que funciona para você e descarte o resto.

FUNDAÇÃO ELISABETH KÜBLER-ROSS BRASIL:
www.ekrbrasil.com

INSTITUTO 4 ESTAÇÕES:
www.4estacoes.com

INSTITUTO ENTRELAÇOS:
www.institutoentrelacos.com

LAÇOS E LUTOS:
www.lacoselutos.com.br

LUTO DO HOMEM:
www.lutodohomem.com.br

VAMOS FALAR SOBRE O LUTO:
www.vamosfalarsobreoluto.com.br

INSTAGRAM:
@fasesdoluto
@infinito.etc
@inumeraveismemorial
@lacoselutos
@lutodohomem
@reflexaonoluto
@respeiteoluto
@vamos_falar_sobre_o_luto
@vivendomeuluto

Livros

PERMISSION TO GRIEVE, DE SHELBY FORSYTHIA:
Um mergulho profundo para desfazer os ensinamentos da sociedade sobre o luto e aprender a honrar os nossos.

CONFESSIONS OF A FUNERAL DIRECTOR, DE CALEB WILDE:
Uma seleção tocante de histórias de luto pelos olhos de um agente funerário de sexta geração.

IT'S OK THAT YOU'RE NOT OK, POR MEGAN DEVINE:
Uma validação e normalização do luto, especialmente das partes sombrias.

MODERN LOSS, DE REBECCA SOFFER E GABRIELLE BIRKNER:
Histórias engraçadas, comoventes e práticas de enlutados na era digital.

PLANO B, DE SHERYL SANDBERG:
Uma parte de memórias, uma parte de estudo científico sobre a vida após a morte de um ente querido.

O ÚLTIMO SOPRO DE VIDA, DE PAUL KALANITHI:
Uma bela e digna história verdadeira sobre o declínio de um neurocirurgião até a morte.

THERE IS NO GOOD CARD FOR THIS, DE EMILY MCDOWELL E DRA. KELSEY CROWE:
Um espirituoso guia ilustrado para amigos de pessoas enlutadas sobre como apoiar uma pessoa de luto.

SECOND FIRSTS, DE CHRISTINA RASMUSSEN:

A jornada de uma mulher para voltar à vida após a morte do marido.

GRIEF WORKS, DE JULIA SAMUEL:

Uma coleção de jornadas de perdas específicas em relacionamentos (perda de um cônjuge, perda de um filho e assim por diante) vistas pelos olhos de um terapeuta.

TUESDAYS WITH MORRIE, DE MITCH ALBOM:

O relato de um homem sobre o fim da vida de seu professor preferido.

ADVICE FOR DYING CORPSES (AND THOSE WHO LOVE THEM), DE SALLIE TISDALE:

Instruções humanas e realistas sobre como honrar uma boa morte e criar uma para si mesmo.

ON LIVING, DE KERRY EGAN:

Relatos reflexivos e inspiradores da cabeceira de um capelão de casa de repouso.

Agradecimentos

Um monte de amor para minha comunidade de maravilhosos Grief Growers, incluindo meus apoiadores do Patreon, meus clientes e meus alunos, e minha comunidade cada vez maior de leitores e ouvintes de podcast. Estamos todos levando uns aos outros para casa.

Muito obrigado a meu pai, pelas bases sólidas; Susan, pelas explosões de alegria; Paige, por desfiles de empolgação; Hattie, pelos convites para jogar; Lu, por se alegrar no fluxo; e minha mãe, por me trazer até aqui de várias maneiras.

Gratidão infinita a Tami, Emily, Gabby e Girl Gang, pelos exageros sem fim e pelos lembretes constantes para comemorar as vitórias.

Agradecimento ilimitado a Meg, por me estender a mão; Susan, por polir a pedra; e Meredith, por jogar meu chapéu no ringue.

Por fim, um pequeno e silencioso agradecimento à enlutada que me tornei em 26 de dezembro de 2013. Eu existo hoje porque você escolheu continuar vivendo. Sinto orgulho de levá-la adiante comigo.

Primeira edição (novembro/2021) • Primeira reimpressão
Papel de miolo luxcream 70g
Tipografias Archer e ITC Baskerville
Gráfica LIS